© Editions Vignou 2016

24290 La Chapelle Aubareil

Tous droits réservés pour tous pays

ISBN 979-1095867012

Patrice Gibertie

Agrégé d'histoire, professeur de chaire supérieure en géopolitique et histoire économique.

Il a enseigné en classes préparatoires, fondé et dirigé les CPGE du Lycée Notre Dame du Grandchamp à Versailles. Il a été chargé de cours à l'Université de Bordeaux III.

« *La France vient du fond des âges. Elle vit. Les siècles l'appellent. Mais elle demeure elle-même tout au long des temps. Ses limites peuvent se modifier sans que changent le relief, le climat, les mers qui la marquent indéfiniment. Y habitent des peuples qu'étreignent, au cours de l'Histoire, les épreuves les plus diverses, mais que la nature des choses utilisée par la politique, pétrit sans cesse en une seule nation.* »
Charles de Gaulle, Mémoires d'espoir.

POURQUOI LES GAULOIS ONT-ILS PEUR QUE L'ISLAM LEUR TOMBE SUR LA TETE ?

A Yamina, Marianne et Pierre

Et aux générations précédentes, venues du Périgord, de Belgique et de Kabylie, elles apportèrent leurs pierres à nos « Trente Glorieuses »

Introduction

« La France, la patrie dont je ne saurai déraciner mon cœur. J'y suis né, j'ai bu aux sources de sa culture. J'ai fait mien son passé, je ne respire bien que sous son ciel, et je me suis efforcé, à mon tour, de la défendre de mon mieux. »

MARC BLOCH

La France s'ethnicise. Plus le monde politico - médiatique donne des leçons de morale plus la société se fracture et se racialise. Les catégories populaires et moyennes se sentent abandonnées par les politiques et quelles que soient leurs origines elles se regroupent autour d'un mode de vie et d'un ressenti commun. Les Néo Gaulois se sentent menacés, ils ne votent plus ou votent mal. Plus les partis de gouvernement stigmatisent leurs comportements, plus les Néo Gaulois se sentent trahis.

Les apprentis sorciers construisent de toutes pièces une autre ethnie, celle des « musulmans ». Le terme correspond de moins en moins aux pratiquants d'une religion, de moins en moins à des immigrés. Les Néo Musulmans sont nés en France, ne connaissent pas tous l'islam, ils construisent leur identité sur des signes culturels visibles, un mode de vie différent et surtout le refus de l'acculturation.

Dans un contexte de crise économique et sociale qui a fragilisé l'ancien modèle français d'intégration, une géopolitique brouillonne et des invectives bien pensantes ne font qu'aggraver la fracture.

Les attentats sont à la fois la conséquence de la décomposition de la France et de guerres extérieures incohérentes. L'islamisme radical n'a rien d'une dérive sectaire, c'est une maladie de l'islam comme le nationalisme est une maladie de la nation. On ne peut étudier l'islamisme sans parler de l'islam.

Plus du quart des radicalisés sont nés dans des familles chrétiennes ou sans le moindre lien avec l'immigration, le mal français n'est pas une dérive sectaire, c'est une maladie de la France. Nous devrons donc parler de la France.

Le but de ce dossier sans complaisance est d'interpeller les responsables avant qu'il ne soit trop tard car « partout se fait sentir la nécessité d'une réflexion sereine et globale sur la meilleure manière d'apprivoiser la bête identitaire » (Amin Maalouf).

Chapitre 1

DEVANT NOUS...LE MUR

Un pays comme le nôtre, avec la plus importante communauté musulmane et la plus importante communauté juive d'Europe, devrait éviter de se prendre les pieds dans les tapis moyens orientaux. A défaut, les dégâts collatéraux sont catastrophiques.

La France de 2015 découvre qu'elle est en guerre, mais cette guerre la concerne-t-elle ?

Les attentats prouvent que notre territoire n'est pas un sanctuaire. Sommes-nous prêts à en payer le prix ? Pire l'ennemi se dissimule à l'intérieur et des citoyens français assassinent d'autres Français.

Les guerres de Nicolas Sarkozy et de François Hollande valaient-elles la peine d'être menées ?

De nombreux Français s'interrogent donc sur la pertinence de nos actions en Libye et en Syrie.

Les problèmes commencèrent au milieu des années 80, quand François Mitterrand se rapprocha de la ligne politique américaine au Proche Orient. En ce temps-là les Etats Unis soutenaient Al Qaeda contre les soviétiques et Saddam Hussein contre l'Iran. La France prêta gratuitement des avions à Saddam pour sa guerre contre l'Iran. Les Chiites se vengèrent et, iraniennes ou syriennes, les bombes explosèrent à Paris. Dans les années 90 la France dut subir les conséquences de la guerre civile algérienne. Dans les années 2000 les bombes explosèrent à Londres et Madrid mais, pour une fois, pas à Paris. Chirac et Villepin eurent la bonne idée de ne pas nous engager dans la sale guerre irakienne.

Tout a changé et depuis près de 10ans la France intervient au sud de la Méditerranée comme auxiliaire des Etats Unis. Les conséquences sont incalculables. Et si cette géopolitique était une des causes des fractures françaises ?

Une difficulté à désigner clairement l'ennemi

Nous connaissons tous les méfaits d'ISIS, rebaptisée DAESH. L'organisation est née en Iraq, elle est la conséquence directe de la déstabilisation de ce pays par les Américains en 2003. Issus des milieux sunnites iraquiens les dirigeants de DAESH ont d'abord combattu la coalition de Bush puis le gouvernement chiite mis en place par ces derniers en Iraq.

Le régime syrien de Bachar El Assad n'a pas affronté directement DAESH pendant les premières années de la guerre civile et certains évoquent même à cette époque-là une complicité tacite du régime avec l'organisation. Les rapports se sont dégradés depuis un an avec les succès militaires de DAESH, la prise de Palmyre et la décapitation de dizaines de soldats syriens. Daesh est aujourd'hui une menace pour le régime de Damas.

Que représente Daesh, quels sont ses soutiens et ses adversaires aujourd'hui ?

D'un point de vue militaire Daesh avec ses 80 000 combattants a pour adversaires principaux sur le terrain les combattants kurdes et les chiites irakiens soutenus par l'Iran. Malheureusement l'organisation peut recruter via la Turquie, vendre son pétrole via la Turquie et bénéficier des bombardements turcs sur les positions kurdes. Sans la position pour le moins ambiguë de la Turquie, Daesh ne serait plus un danger.

 En effet l'organisation s'est mise à dos les occidentaux et même les pétro monarchies du Golfe. Seul le Sultan d'Ankara la soutient discrètement. L'Arabie saoudite et le Qatar souhaitent d'abord renverser le régime de Bachar pour affaiblir le monde chiite et construire un gazoduc vers la Méditerranée, ils préfèrent donc soutenir des islamistes bien plus engagés contre Bachar que ne l'est Daesh .Depuis le début 2014 Daesh ne peut compter dans le monde arabe que sur des donateurs privés saoudiens ou qataris.

Mais Daesh n'est qu'une composante du terrorisme islamiste dans la région, la seule dont nous entendions parler en Occident, peut-être pas la plus dangereuse.

En Syrie se sont développés des organisations comme AL NOSRA variante locale d'Al Qaeda et surtout le Front Islamique.

Le Front créé en 2013 regroupe 7 organisations et 80 000 combattants, il recrute dans le monde sunnite, bénéficie du soutien de la Turquie et des pays du golfe, de la bienveillance occidentale. Son but affiché : le renversement de Bachar, la mise en place d'une république islamique avec la charia. La CIA s'est posée la question de l'utilité ou non d'utiliser ces islamistes contre Daesh. Plusieurs organisations du Front Islamique sont issues des rangs de la fameuse « armée syrienne libre » présentée en Occident comme démocratique. Dans la réalité les combattants de l'ASL privée d'aide militaire occidentale sont passés à peu près tous dans les mouvements soutenus par la Turquie, l'Arabie saoudite et le Qatar.

Le front islamique est l'ennemi le plus dangereux pour Bachar, il menace Lattaquié, Alep, les régions peuplées par les minorités chiites alaouites et chrétiennes. Dans le Sud de la Syrie le Front Islamique a pu bénéficier du bombardement de l'armée de Bachar par…Israël. Al Nosra moins fréquentable que le Front Islamique bénéficie à peu près des mêmes soutiens et avoue des objectifs identiques, il s'est fait une spécialité des attentats à la voiture piégée dans les villes syriennes.

La Syrie est un pays à majorité sunnite, les mouvements islamistes sunnites foisonnent. Pourquoi ne pas s'appuyer sur certains d'entre eux comme Al Qaeda et le Front islamique en leur offrant la possibilité de parvenir au pouvoir à la condition de combattre leurs jumeaux de Daech.

Cet objectif clairement affiché par le Qatar et les pays arabes de la coalition était également celui des Américains.

La situation est complexe, les Américains sont présents et obsédés par leur lutte contre l'URSS puis la Russie, ils ont à la fois enfanté Al Qaeda dans les années 80 et Daesh dans les années 2000.

Qu'est-ce que nous sommes allés faire dans cette galère ?

Mitterrand nous engagea dans la première guerre du golfe contre l'ex-ami Saddam mais Chirac et Villepin aidés par Schroeder et Poutine nous préservèrent de l'aventure de 2003[1].

---

[1] http://www.dailymotion.com/video/x273ep1_vedrine-et-de-villepin-sur-la-guerre-contre-le-terrorisme_webcam

Villepin a toujours démontré combien la guerre nourrissait le terrorisme, combien la situation proche orientale était complexe. Oui, plus l'occident intervient directement, plus il multiplie ses ennemis! Il y a sur place suffisamment d'acteurs qui peuvent régler le problème islamiste à la condition de ne pas faire la fine bouche car aucun n'est irréprochable.

L'impasse française commence sous le quinquennat Sarkozy. Les « révolutions arabes » nous surprennent, elles mettent en défaut notre soutien tacite aux régimes militaires en place, il importe de faire oublier ses amitiés en soutenant les rebelles. Peu importe la nature de la rébellion, la France s'agite en Libye puis en Syrie.

Dans son excellent livre, « Syrie, pourquoi l'Occident s'est trompé? » Frédéric Pichon[2] permet de comprendre les erreurs occidentales qui ont largement contribué au drame libyen puis au drame syrien.

Chacun peut également constater nos erreurs géopolitiques en suivant l'itinéraire de djihadistes des montagnes afghanes au désert syrien.

Depuis 2011 la Turquie sert de base arrière aux « combattants de la liberté » de l'Armée Syrienne libre et de la déstabilisation de la Syrie. Abdelhakim Belhadj est le premier d'entre eux. Qui est-il ? Avec Ben Laden, ce djihadiste d'origine libyenne a combattu en Afghanistan mais il tombe entre les mains des Américains qui le livrent à Kadhafi. Le régime libyen le libère en 2009 pour négocier avec les islamistes.

Peine perdu Belhadj, chef d'al Qaeda en Lybie mène la rébellion contre Kadhafi et avec l'aide des occidentaux et en particulier de la France, il s'empare de Tripoli. A la demande de l'Otan, il en devient le gouverneur militaire[3].

---

[2] http://www.dailymotion.com/video/x273ep1_vedrine-et-de-villepin-sur-la-guerre-contre-le-terrorisme_webcam
[3] http://www.lexpress.fr/actualite/monde/afrique/libye-abdelhakim-belhaj-l-islamiste-qui-remercie-les-occidentaux_1027938.html

Il est l'un des acteurs majeurs du noyautage de la nouvelle Libye par les islamistes et de la mise en place de la charia selon les instructions du chef spirituel des Frères Musulmans le prédicateur Youssef al-Qaradâwî, basé au Qatar mais il lui arrive de se rendre en France[4] [5]

A l'automne 2011 Belhadj devient un des hommes forts de l'Armée Syrienne libre mise en place par Erdogan, le Qatar et les occidentaux pour renverser El Hassad. Un article du Daily telegraph analyse la manœuvre[6].

Les combattants des katibas libyennes, financées par Doha durant la guerre civile, et qui sont souvent des militants islamistes radicaux, sont également encouragés à se rendre en Turquie auprès de l'ASL pour collaborer avec l'organisation. Qui de mieux placé pour apprendre la révolution aux Syriens qu'Abdelhakim Belhadj, chef militaire de Tripoli?

Belhadj peut surtout compter sur l'amitié indéfectible de celui qui rêve de provoquer une troisième guerre mondiale contre la Russie, le sénateur John Mac Cain.

A la même époque Arnaud Castaignet sur Slate Afrique évoque le destin du Guevara islamiste : « De telles opérations ne peuvent se faire sans le soutien financier du Qatar et le soutien logistique de la Turquie qui devrait voir transiter des armes sur son territoire. La France n'est pas écartée, bien au contraire, celle-ci soutient pleinement Ankara dans l'aide apportée à l'ASL ».

---

[4]http://www.liberation.fr/planete/2011/08/26/abdelhakim-belhaj-le-retour-d-al-qaeda

[5]http://www.lepoint.fr/monde/libye-abdel-hakim-belhadj-le-commandant-aux-deux-visages-19-09-2011-1375081_24.php

[6]http://www.telegraph.co.uk/news/worldnews/middleeast/syria/8917265/Libyas-new-rulers-offer-weapons-to-Syrian-rebels.html

La France s'est trompée en Libye, en Tunisie avec l'arrivée au pouvoir des Frères d'Ennahda, elle s'est trompée en Egypte, elle s'est encore trompée en Syrie.

La communication tient lieu de géopolitique, pour faire oublier les liaisons dangereuses. Bernard Henri Levy désigne le successeur sur la liste des dictatures à abattre : Bachar El Assad.

Rien de bon ne peut venir du régime Syrien.

Dans la guerre civile qui commence la France ne comprend rien et s'engage du côté des ennemis du régime mais elle n'est pas la seule.

Frédéric Pichon dresse un terrible tableau de nos responsabilités. Il cite un article oublié d'une jeune pigiste du Figaro, Edith Bouvier, elle raconte son entrée sur le territoire syrien avec Belhadj et ses djihadistes[7].

Dans un article du Figaro de décembre 2011, Georges Malbruno raconte comment la Syrie est passée des manifestations pacifiques à la guerre civile. A ce moment-là il n'y a pas encore 300 000 morts mais seulement 4000[8].

Nous connaissons la suite : combats avec l'armée du régime et guerre civile, multiplications d'attentats à la voiture piégée. Nous sommes très loin du discours habituel selon lequel Bashar el Assad serait le seul responsable de la guerre. Les Occidentaux et leurs alliés frères musulmans ont sous-estimé les assises populaires et le soutien apporté au régime.

L'épopée syrienne de Belhajd passe par les groupuscules de l'ASL aujourd'hui tous ralliés à Al qaeda ou à Daesh : les cannibales des Brigades Omar Al-Farouq, le mouvement Hazm les Liwa Al-Farouq, Liwa Al-Qousayr et Liwa Al-Turkomen[9].

---

[7]http://www.lefigaro.fr/international/2011/12/23/01003-20111223ARTFIG00350-des-libyens-epaulent-les-insurges-syriens.php

[8]http://blog.lefigaro.fr/malbrunot/2011/12/larmee-syrienne-libre-couvertu.html

Le chemin de Belhadj est inséparable de celui d'un autre « islamiste modéré », Mahdi al-Harati. Libyen de nationalité irlandaise, il est disciple des frères musulmans, entraîné au Qatar. Victime d'un cambriolage en Irlande, il confesse que plusieurs centaines de milliers de dollars lui ont été donnés par les services secrets américains. Pendant la guerre de Lybie, il dirige la brigade de Tripoli. Nous le retrouvons aussitôt en Syrie où il est à la tête du groupe Liwa al-Umma Il combat pour imposer la charia. Ce combat reçoit l'éloge de CNN[10].

Le soutien des occidentaux à ceux qu'ils appellent les islamistes modérés semble indéfectible. Le régime porte toute la responsabilité.

 En 2012 Alain Juppé écrit sur son blog :

« De même renvoyer dos à dos le régime et les terroristes supposés l'attaquer est, depuis le début, un déni de réalité. Quand le peuple syrien a commencé à manifester pacifiquement pour demander la liberté et la démocratie, Bachar et son clan ont refusé d'engager de vraies réformes et ont préféré se lancer dans une spirale de sauvage répression. Ils ont menti à tous ceux qui ont tenté de s'entremettre pour éviter le pire, c'est-à-dire la guerre civile. Tous les efforts que nous avons déployés: soutien au plan de la Ligue Arabe, résolution de l'Assemblée générale des Nations Unies, réunions du groupe des Amis de la Syrie, jusqu'à la médiation confiée à Kofi Annan ... toutes ces initiatives ont été bafouées pas Damas qui a feint de les accepter sans jamais les appliquer. »

Frédéric Pichon démontre le contraire[11].

Trois ans plus tard, nous retrouvons al Harati en Lybie, maire de Tripoli. En 2014, Belhadj revient lui aussi en Syrie pour tenter de s'emparer du pouvoir; il sera reçu en ami par Fabius.

---

[9] http://etudesgeostrategiques.com/tag/abdelhakim-belhadj/
[10] http://edition.cnn.com/2012/07/28/world/meast/syria-libya-fighters/index.html
[11] Pourquoi l'Occident s'est trompé Broché 2014 de Frédéric Pichon Edition du Rocher

En 2015, il perd le contrôle de Tripoli et les Egyptiens l'accusent d'être le chef de Daesh au Maghreb[12].

Revenons à la politique de la France. Avec les élections présidentielles rien ne change.

Dès 2012, le soutien frénétique aux « rebelles modérés » et la campagne médiatique engagée en occident contre le régime syrien se traduisent sur le terrain par le renforcement des extrémistes. Pour Laurent Fabius, Assad ne mérite pas d'être sur terre.

L'occident se trompe sur la réalité syrienne en croyant que le régime ne dispose d'aucun soutien. Il valorise le combat des islamistes. « Ils font du bon travail » déclare alors Laurent Fabius scandalisé tout comme les pétromonarchies, par la décision américaine de classer Al Nosra parmi les organisations terroristes.

L'EXTRAIT Du Monde 12 /2012 fait référence en la matière :

« Présent à Marrakech, le ministre français des affaires étrangères, Laurent Fabius, s'est félicité de cette décision : "Créée il y a un mois, la Coalition nationale syrienne, qui réunit l'opposition et que la France a été la première à reconnaître, est aujourd'hui reconnue par plus de cent pays comme la seule représentante légitime du peuple syrien. C'est très important pour le peuple syrien." "En plus, il y a toute une série de décisions qui ont été prises sur le plan humanitaire avec des apports de fonds importants, notamment de l'Arabie saoudite, qui a offert 100 millions de dollars pour aider la population syrienne", a précisé le ministre.

"Nous avons eu le témoignage du nouveau président de la Coalition nationale syrienne, qui a beaucoup insisté sur le fait que, dans le futur gouvernement, toutes les communautés syriennes, majoritaires ou minoritaires, seront respectées, a ajouté M. Fabius. C'est un jour important. Il reste encore beaucoup de souffrance et beaucoup de travail pour que M.

---

[12] http://rue89.nouvelobs.com/2014/05/10/libye-est-abdelhakim-bel-haj-ex-al-qaeda-nouvel-homme-fort-252018

Bachar Al-Assad "dégage", comme on dit maintenant. Je pense que c'est un jour d'espoir pour le peuple syrien."

En revanche, la décision des Etats-Unis de placer Jabhat Al-Nosra, un groupe djihadiste combattant aux côtés des rebelles, sur leur liste des organisations terroristes, a été vivement critiquée par des soutiens de l'opposition. M. Fabius a ainsi estimé, mercredi, que "tous les Arabes étaient vent debout" contre la position américaine, "parce que, sur le terrain, ils font un bon boulot". "C'était très net, et le président de la Coalition était aussi sur cette ligne", a ajouté le ministre. »

Les jeunes djihadistes français partent-ils intoxiqués par des imans salafistes ?

Peut-être mais ils n'ont certainement pas le sentiment d'aller à l'encontre de ce que veut notre ministre des affaires étrangères. Aucune condamnation alors du djihad ! Aucune mesure à l'encontre de tous ceux qui font les aller retours via la Turquie.

Quelques jours avant les attentats du 13 novembre 2015, BFM organisait un débat intitulé *: « Syrie: les frappes françaises peuvent-elles dissuader les futurs candidats au jihad ? »*

La lecture vaut le détour aujourd'hui, Fréderic Pichon[13] y rappelle les erreurs d'une politique jugée pathétique. Et si les djihadistes étaient les enfants perdus de Laurent Fabius? Un avocat présent rappelle que les départs sont liés à la volonté de Fabius de faire tomber Assad, un blanc-seing... pour tous ceux qui voulaient partir.

La géopolitique de la France sera toujours en pointe de ce qu'attendent le Qatar et la Turquie.

Le géopoliticien américain Emile Luttwak a brillamment démontré l'enjeu de la stratégie dans les conflits et l'intérêt à diviser ses ennemis. Appliquée de manière pragmatique depuis le ~~départ de Bush, cette appro~~che permet de comprendre

[13]http://www.bfmtv.com/mediaplayer/video/syrie-les-frappes-francaises-peuvent-elles-dissuader-les-futurs-candidats-au-jihad-658963.html

comment les Américains sont sortis du bourbier iraquien. Dans ce pays à majorité chiite, ils ont abandonné le pouvoir à un gouvernement chiite qui combat les sunnites en lieu et place des GI. Ils recommencent en Syrie et cette fois- ci, ils appuient les sunnites.

En 2013, l'utilisation des armes chimiques par le régime et très certainement par ses adversaires amène la France à durcir sa position contre Bachar el Assad. François Hollande veut « punir Bachar» et nous prépare à bombarder Damas. Cameron puis Obama lâchent le président guerrier. Pourquoi?

Américains et britanniques connaissent les risques d'un engagement militaire direct: toute intervention occidentale nourrit le terrorisme, la guerre appelle la guerre. Les Américains connaissent la réalité du terrain à savoir l'absence d'une rébellion laïque et démocratique crédible. Leur soutien en Egypte aux frères musulmans s'est déjà traduit par un désastre. Morsi s'en prend aux chrétiens, aux démocrates, soutient le Hamas qui prend Gaza en otage. L'Arabie Saoudite soutient le coup d'Etat de Sissi, le Qatar soutient les Frères.

En Syrie, la porosité entre les mouvements islamistes est totale tout comme le soutien qui leur est apporté par l'étranger. En Iraq Abou Bakr al-Baghdadi crée l'Etat Islamique DAESH et intègre Al Qaeda Iraq et les autres groupes djihadistes. Il décide ensuite de la fusion entre Al nosra et Daesh. Il faut rappeler qu'Al Nosra est affilié à al Qaeda.

Dans les mois qui suivent une confusion s'installe avec même des combats entre djihadistes. Au début de l'année 2014 une bande de voyous, venus de France et de Belgique via la Turquie, s'installe au nord d'Alep. Parmi ces voyous, le cerveau des attentats de l'année 2015 en France et en Belgique. Il multiplie photos et vidéos à partir de son portable. La carte mémoire de son portable est récupérée par un syrien et fournie à la télévision belge. En regardant le reportage de la télévision belge, vous aurez froid dans le dos. Vous y verrez celui qui est directement responsable des assassinats du 13 novembre, c'est un psychopathe plus qu'un religieux. Mais il parle du pays de Cham et du califat.

Sur le terrain, les rebelles comprennent que pour recevoir les armes vendues par les occidentaux aux pétromonarchies, il faut être affilié aux groupes salafistes soutenus par ces pétromonarchies. En 2013 la rébellion « modérée » n'existe plus. Personne ne parle alors d'ISIS mais seulement d'Al-Qaeda en Syrie et en Iraq[14].

On pourrait imaginer que même si les occidentaux soutiennent les autres mouvements islamistes au moins combattent ils Daesh car l'organisation multiplie ouvertement crimes et provocations.

Il faut bien faire semblant de combattre Daesh mais pas trop.

Attendait-on en Occident la chute de Damas pour négocier avec nos amis du golfe la mise en place en Syrie d'une république islamiste sunnite « modérée» digérant l'actuel Daech ?

Comment expliquer autrement l'inefficacité des « frappes»?

Certains mettent en doute la technique du « coïtus interruptus » pratiquée par François Hollande. Il ne s'agit pas de se mêler de la vie érotique du président de la République mais de comprendre pourquoi pendant plus d'un an de présence, des centaines d'heures de reconnaissance furent nécessaires avant de lâcher une seule bombe. Pour ne pas se tromper d'Islamiste ?

Pourquoi avoir laissé Daesh s'emparer de Palmyre ? A qui fera-t-on croire que les colonnes islamistes n'étaient pas des cibles faciles lorsqu'elles traversaient le désert? Chacun sait que Palmyre prise, Homs devait tomber et la Syrie de Bachar el Assad coupée en deux ne pouvait que s'effondrer.

---

[14]http://www.parismatch.com/Actu/International/Surenchere-dans-l-horreur-528604
http://www.lefigaro.fr/flash-actu/2014/12/10/97001-20141210FILWWW00263-des-syriens-demandent-reparation-a-fabius.php

Un tel scénario pouvait il y a encore quelques semaines relever de la théorie du complot, mais de nombreux experts militaires l'évoquaient avec sérieux car il permettait de rétablir l'ordre dans la région sans envoyer de troupes au sol.

La situation s'enlise car personne n'a intérêt à la disparition de Daesh. C'est ce que démontre Olivier Roy :

-« *La question de la lutte contre Daech est rendue plus complexe du fait que certains acteurs dans la région n'ont pas intérêt à le voir disparaître. Ils trouvent dans son existence un intérêt par défaut : il n'est pas leur ennemi principal mais secondaire.*

En Irak, les tribus sunnites ont eu recours à Daech pour se protéger des exactions des milices chiites; les chiites d'Irak, eux, ne veulent pas prendre Falloujah ou Mossoul. Pourquoi? Parce que ça les obligerait à intégrer politiquement les Arabes sunnites, ce que leur demandent les Américains depuis dix ans. En Turquie, Erdogan est extrêmement clair : l'ennemi, ce sont les Kurdes. Point. On ne va donc pas les aider à casser Daech pour renforcer les Kurdes ce qui permettrait au Parti des travailleurs du Kurdistan (PKK) de se créer un sanctuaire et de reprendre la lutte armée en Turquie. D'ailleurs, les Kurdes ne cherchent pas à écraser Daech, seulement à défendre leurs nouvelles frontières. Pour les Kurdes d'Irak, la menace principale c'est la reconstitution d'un Etat central fort à Bagdad, qui pourrait contester l'indépendance de fait dont jouit le Kurdistan irakien aujourd'hui.. Pour les Saoudiens, l'ennemi principal n'est pas Daech, qui n'est que l'expression d'un radicalisme sunnite qu'ils ont toujours soutenu idéologiquement. Ils ne font donc rien contre, leur ennemi étant avant tout l'Iran. Les Iraniens, quant à eux, veulent contenir Daech, mais pas forcément l'anéantir, pour ne pas à avoir à administrer un territoire sunnite et parce que son existence lui permet de jouer un rôle capital sur la scène internationale.

Pour les Israéliens, Daech c'est génial : des Arabes qui tapent sur des Arabes et réciproquement! Ils ne peuvent que se réjouir de voir le Hezbollah se battre contre des Arabes, la Syrie s'effondrer, l'Iran être empêtré dans une guerre, tandis que la question palestinienne devient une cause secondaire.

Les Etats-Unis non plus... Washington se contente de faire du "containment", à coups de bombes et de drones. Et pourtant, une guerre ne se gagne pas sans infanterie au sol. »

Le boomerang

Mêmes limitées et symboliques, les frappes occidentales sur Daesh ont un impact sur les islamistes de l'intérieur. La France ne peut impunément lâcher quelques bombes sur le califat sans prendre le risque d'énerver les islamistes présents sur le sol français.

Le député socialiste Malek Boutih, dans un rapport intitulé « Génération Radicale », établit un lien étroit entre les évènements de Syrie et la radicalisation de nos banlieues :

« Le djihadisme, depuis ses débuts en Afghanistan, ne concernait qu'un nombre restreint d'adultes très engagés. Depuis le confit en Syrie et l'avènement de l'Etat islamique, des centaines de jeunes issus de tous les départements français ont fait le choix de la guerre et sont partis pour la faire les armes à la main ».

La France devient une cible de choix, elle est intervenue en Afrique contre AQMI mais surtout elle symbolise tout ce que les fondamentalistes détestent ; un mode de vie, le mariage homo, des lois sur le voile, une polémique sur le menu halal dans les cantines… Par malchance la proie est facile.

Analysant les attentats,, Gilles Kepel ne se trompe pas :

"L'Europe est le ventre mou de l'Occident et le lieu du jihad, pour que leur califat imaginaire se développe". Il voit néanmoins "une différence entre la tactique et la stratégie". "En janvier, ils avaient visé des groupes déterminés, et incriminé des 'islamophobes', Charlie Hebdo. Là on a un attentat d'une toute autre ampleur. Il y a beaucoup plus de morts, mais ce sont des attaques totalement indiscriminés qui visent absolument tout le monde, y compris ceux-là même qu'ils voudraient

essayer de recruter". Avec Charlie Hebdo et l'Hyper Cacher, des cibles identifiées étaient visées parce qu'on les incriminait spécifiquement. Comme « islamophobe » pour la rédaction de Charlie ; comme « apostats » pour les policiers musulmans qui servaient sous l'uniforme français ; ou bien comme juif. Aujourd'hui, et comme l'a d'ailleurs expliqué Amedy Coulibaly lors de la prise d'otages de l'Hyper Cacher, tout citoyen qui paye ses impôts est selon lui responsable des actions de son gouvernement. Et donc devient une cible légitime pour l'EI. Selon l'expression coranique, « son sang est licite » (« al dam halal »).

Ce que souhaite l'EI, c'est déclencher la guerre civile. Une stratégie mise en place dès 2005, par Abou Moussab Al-Souri dans son fameux Appel à la résistance islamique mondiale : la multiplication des attentats aveugles va organiser des lynchages de musulmans, des attaques de mosquées, des agressions de femmes voilées et ainsi provoquer des guerres d'enclaves, qui mettront à feu et à sang l'Europe, perçu comme le ventre mou de l'Occident. C'est dans cette stratégie globale que s'inscrivent les attentats d'hier[15].

Les attentats révèlent toutes nos faiblesses et en premier lieu l'incapacité de l'Europe à contrôler ses frontières externes et à mettre en place un système de contrôle biométrique ?

Abadaoud connu comme un des djihadistes les plus sanguinaires s'est vanté d'aller-retours sans le moindre problème entre Syrie et Europe.

Il a même eu sur Facebook un compte où il se présentait comme un… touriste terroriste.

Que penser de notre justice ? Fabien KLEIN connu des services de sécurité depuis 15 ans, condamné en 2009 à seulement 5 ans de prison pour avoir organisé une filière djihadiste, on le retrouve au vert et libre en 2012. Le contrôle judiciaire et l'interdiction de sortie du territoire sont levés. Il peut

---

[15]http://www.lemonde.fr/idees/article/2015/11/14/gilles-kepel-l-etat-islamique-cherche-a-declencher-la-guerre-civile-en-france_4809962_3232.html#iWyWMOUUZbXYCVrs.99

légalement partir en Syrie après avoir porté plainte contre des journalistes de France télévision[16].

Fin 2013, des diplomates avaient déjà affirmé que des ambassadeurs et des membres des services de renseignements européens avaient repris discrètement le chemin de Damas pour prendre contact avec des responsables syriens. Après les attentats, « Valeurs Actuelles » cite Bernard Squarcini, ancien patron des services secrets qui confirme le refus de Valls d'accepter la liste des djihadistes français proposée par les Syriens.

La société française peut-elle encaisser le choc à un moment où elle est affaiblie par la crise économique et surtout par une crise identitaire. Elle a conscience que la guerre a généré un autre séisme, l'arrivée de plus de un million de réfugiés.

En octobre 2015 Angela Merkel se rend en Turquie pour supplier le sultan Erdogan, il faut arrêter les centaines de milliers syriens qui arrivent en Europe, Erdogan doit les retenir.

Le sultan a compris qu'en laissant opérer les passeurs, il maitrisait les flux vers une Europe incapable de contrôler ses frontière extérieures. Il a entre ses mains une arme extraordinaire et il sait s'en servir. Merkel de son côté se trouve piégée par un discours généreux qui lui a permis d'être nominée pour le prix Nobel de la Paix.

Après avoir lâché 700 000 réfugiés vers l'Europe, le sultan peut savourer sa victoire face à une Europe donneuse de leçons. Il n'a aucune envie d'intégrer l'Union, la Turquie bénéficie déjà de l'ouverture du marché européen grâce aux accords de voisinage. Erdogan a fait le choix d'un retour à l'impérialisme ottoman, s'appuyer sur les turcophones présents dans de nombreux pays, mettre en place des régimes idéologiquement proches et donc liés aux Frères Musulmans.

L'Union européenne prend une décision courageuse le 30 novembre 2015: se prosterner devant le sultan Erdogan,

[16] http://www.lexpress.fr/actualite/societe/djihadisme-la-guerre-froide-des-services-secrets_1643009.html

soutenir ses ambitions géopolitiques et lui verser un tribut de trois milliards d'euros pour qu'il retienne en Turquie les millions de réfugiés.

Tout cela pour faire quoi ? La société française n'est pas europhobe mais elle le deviendra vite avec de telles démonstrations d'impuissance.

Le mea culpa n'est jamais facile mais pour une fois l'exemple peut venir des Etats unis. Nombreux sont ceux qui reconnaissent avoir soutenu des ennemis dans la tradition inaugurée en 1979 par Zbig Breczynsky lorsqu'il affirmait à Ben Laden que Dieu était avec lui.

Rand Paul le républicain:

"I think we have to understand first how we got here. We have been arming ISIS (the Islamic State in Iraq and Syria) in Syria. ISIS, an al Qaeda offshoot, has been collaborating with the Syrian rebels whom the Obama administration has been arming in their efforts to overthrow Syrian President Bashar al-Assad."

"We have been fighting alongside al Qaeda, fighting alongside ISIS," he said. "ISIS is now emboldened and in two countries. But here's the anomaly. We're with ISIS in Syria. We're on the same side of the war. So, those who want to get involved to stop ISIS in Iraq are allied with ISIS in Syria. That is real contradiction to this whole policy." Senator Rand Paul, Interview on CNN.2014

Obama lui aussi:

President Obama said in an interview airing Sunday that the Islamic State in Iraq and Syria poses a "medium and long-term threat" to the U.S., adding that it's just one of a number of organizations to monitor.There are a lot of groups out there that probably have more advanced immediate plans directed against the United States that we have to be on constant guard for," he told Norah O'Donnell in an interview broadcast on CBS's "Face the Nation."Obama also said that the notion that a moderate rebel force backed by the U.S. could have stopped Assad and ISIS is a "fantasy."

L'Amérique doit bien l'admettre la stratégie des rebelles modérés est un fiasco. Barak Obama le constate et cesse de financer le djihadiste. Hélas, la France persiste dans l'erreur.

L'universitaire Fabrice Balanche[17] fait le bilan de la géopolitique actuelle de la France :

« La politique de Laurent Fabius sur la Syrie est un échec total. Il a eu tort sur toute la ligne. C'est pour cette raison qu'il a été quelque peu dessaisi du dossier par le Président de la République début septembre. Notre ministre des Affaires étrangère réécrit l'histoire de la crise syrienne pour justifier ses positions. Il affirme ainsi que si nous avions bombardé Damas en septembre 2013, les rebelles modérés auraient pris le pouvoir et Daech n'aurait jamais existé. Hubert Védrine dans une excellente tribune dans Libération a répondu que rien n'était moins sûr. Je partage tout à fait son avis : nous aurions tout simplement eu Daech à Damas. Le communautarisme et le salafisme radical ne sont pas nés en 2011, sous l'impulsion d'un régime machiavélique. Ils sont constitutifs de la société syrienne et ne demandaient qu'à s'exprimer au grand jour. »

Ainsi nos dirigeants se sont trompés et des innocents ont payé le prix du sang. Les circonstances les obligent aujourd'hui à se tourner vers le tzar après avoir adulé le sultan.

A genoux aux pieds du SULTAN ?

L'année 2015 a vu les « bons rebelles », c'est à dire les terroristes islamistes acceptables pour l'occident, progresser. La situation devenant dramatique à l'ouest de la Syrie, Vladimir Poutine est entré dans le jeu. Personne ne s'y trompe, la Russie n'a pas pour intention de combattre prioritairement Daesh mais

---

[17] Fabrice Balanche, Géopolitique du Moyen-Orient, Documentation photographique, La documentation française, octobre 2014.

Al Qaeda, le Front islamique soutenus par Laurent Fabius. C'est d'ailleurs ce qui se passe depuis la fin septembre.

Le régime de Bachar survit car les civils ont peur et pas seulement les chrétiens et les alaouites. Si les islamistes sont vaincus, le temps viendra pour eux mais aussi pour les Russes et les iraniens de déterminer le sort de Bachar.

Après les évènements d'Ukraine, ceux de Syrie démontrent que deux blocs s'affrontent clairement avec les risques d'une conflagration mondiale majeure. D'un côté une alliance eurasiatique russo- chinoise, de l'autre les démocraties occidentales avec le Moyen Orient comme zone de partage.

Vladimir Poutine a réussi à constituer une coalition cohérente autour de la Fédération de Russie. L'Iran, la Syrie, le monde chiite et le régime syrien seront-ils rejoints par la toute puissante Chine ?

Poutine, héritier de la doctrine Jdanov reprend habilement au Moyen Orient le flambeau du combat contre l'impérialisme occidental mais il le modernise en s'appuyant sur l'organisation des BRICS. Depuis de nombreuses années le rapprochement se met en place.

Qui a remarqué lors de la dernière coupe du monde de Football au Brésil, la rencontre des pays émergents. Le 9 mai dernier la presse soulignait l'isolement de Vladimir Poutine lors de la cérémonie de « la grande guerre patriotique », François Hollande était absent de la manifestation. A mieux y regarder la presse aurait pu noter la présence des BRICS et d 'un invité d'honneur, Xi Jinping.

L'Otan, organisation née de la guerre froide aurait dû disparaitre avec elle, mais le choix a été fait de la maintenir pour refouler l'ours russe le plus loin possible de l'Europe. Cette logique a eu pour réponse la mise en place de l'Organisation du Traité de Sécurité Collective et l'OCS, organisation de coopération de Shanghai. La Chine et la Russie sont militairement alliées, l'Inde et l'Iran se rapprochent de l'organisation.

L'Occident a précipité Poutine et la Russie dans les bras de XiJinping. Nous payons le refus d'aider Gorbatchev en 1990, et surtout les promesses non tenues de ne pas élargir l'Otan à l'Est. Nous payons l'intervention au Kosovo contre la Serbie. En obligeant l'Ukraine à choisir entre le partenariat avec l'UE et l'union eurasiatique de Poutine nous avons précipité ce malheureux pays dans la guerre civile.

Pour Vladimir Poutine l'occasion était trop belle de faire oublier ses déboires économiques en incarnant la revanche d'un peuple humilié.

Le bilan de la géopolitique occidentale au Proche et moyen orient est exécrable, Poutine sait en profiter pour redistribuer les cartes et surtout empêcher la mise en place d'une zone d'exclusion aérienne en Syrie par les occidentaux.

Que faire dans ces conditions, continuer à s'aligner sur la position turco qatari ou par pragmatisme se tourner vers le nouveau tzar ?

Les russes ne sont pas nos ennemis, ils ne provoquent pas d'attentats en France …

Que l'on médite ce qu'écrit Hubert Védrine en prônant une alliance avec Assad :

« On mettait sur le même plan la lutte contre Daech et la lutte contre Assad. Moralement, ça se défend tout à fait, mais ça n'a pas marché…N'oublions qu'au moment de combattre Hitler, il a fallu s'allier avec Staline qui avait tué plus de gens qu'Hitler »

Pour demain le pire peut arriver : la France et la Turquie appartiennent à la même alliance, l'Otan. A ce titre nous avons dû lui manifester toute notre solidarité quand le sultan a fait délibérément abattre un avion russe. De source turque le bombardier a survolé la Turquie pendant 17 secondes et sur 2,5 km. La Turquie a même fourni une carte explicite[18].

---

[18]https://fr.news.yahoo.com/blogs/ravanello/avion-russe-abattu-en-turquie-quand-erdogan-prend-du-plomb-dans-l-aile-175349479.html

Qu'un journaliste comme Olivier Ravanello puisse tenir des propos critiques témoigne de l'évolution du regard porté sur le sultan :

« Mais voilà. Assad a un ami qui s'appelle Poutine. Et depuis un mois et demi, le soutien est devenu direct. L'aviation russe bombarde les protégés d'Erdogan qui viennent s'adosser à la frontière de leur puissant allié. Mais ça ne suffit pas. L'armée de la conquête est pilonnée, affaiblie jour après jour par les Russes. Assad relève la tête et Erdogan voit ses rêves s'effondrer. La défense de l'espace aérien n'était qu'un prétexte. Abattre le Soukhoï a été le coup de sang d'un président sultan qui perd la main... Mais qu'est ce qui est passé par la tête du président turc Recep Tayyip Erdogan ? Une carte fournie par les autorités turques montre que le nouveau Sultan a voulu en faire un exemple. En tout état de cause, c'est froidement que les chasseurs turcs ont abattu le SU24 russe, après avoir demandé autorisation de tir à leur hiérarchie. Le Soukhoï a bien été descendu pour l'exemple. «

Il est cependant possible dès à présent de comprendre les causes directes de cette flambée de violence.

Dans les jours qui ont précédé le guet-apens, Erdogan s'est vivement inquiété de l'évolution sur le terrain. Soutenues par l'aviation russe les forces du régime syrien finissent par progresser et reprennent petit à petit le contrôle de la frontière nord du pays. Si l'on ajoute que les Kurdes font de même de leur côté le risque de voir les islamistes encerclés n'est pas mince. Nul ne s'y trompe, Nosra ainsi que les mouvements proches des frères musulmans ne peuvent tenir leurs positions sans le soutien direct de la Turquie qui sert de base arrière. A l'est, les Turcs bombardent massivement les Kurdes du Pkk mais en Syrie ils ne peuvent faire de même.

La situation se dégrade d'autant plus pour Erdogan que l'aviation russe a détruit des colonnes de camions citernes amenant l'or noir de Daesh en Turquie. C'est au nord de Lattaquié que la situation devient le plus préoccupante et ce malgré les missiles américains TOW fournis aux islamistes. La Turquie convoque en vain l'ambassadeur de Russie pour protester contre les bombardements de populations anti Hassad mais d'origine turkmène du nord de la Syrie.

Erdogan joue au poker : il sait que Poutine peut difficilement prendre le risque d'une rupture des relations diplomatiques qui le priverait d'accès à la Méditerranée. Le détroit du Bosphore est contrôlé par la Turquie. L'envie de fermer le Bosphore doit être forte pour Erdogan mais s'il prenait cette décision, la troisième guerre mondiale commencerait.

L'obsession d'Erdogan est kurde. Il ne veut pas d'un Etat kurde à ses frontières et il se sait soutenu par une majorité de sa population mais peut-il prendre le risque d'entrainer son pays dans une guerre civile ?

Erdogan joue sur la russophobie des américains et des occidentaux, il espère le soutien de l'Otan. Mais les opinions publiques accepteront-elles de risquer une guerre mondiale pour soutenir le meilleur ami des islamistes? Poutine n'a pas intérêt à jeter de l'huile sur le feu. Sa stratégie est payante sur le terrain, le temps joue pour lui. Donnera-t-il des gages à Erdogan ?

Une moindre étincelle avec les Turcs ou… en Ukraine peut tout remettre en question. Poutine sait aussi que le moindre signe de faiblesse lui serait fatal aux yeux de l'opinion russe.

Arabie Saoudite   épicentre de la crise géopolitique de demain.

Les nouvelles venues du royaume sont inquiétantes. L'Arabie Saoudite se prépare à une difficile succession. La génération actuellement au pouvoir s'éteint et la future compte 1000 princes, tous petits fils du fondateur, entre lesquels le choix sera difficile. Des clans s'affrontent car il n'existe de règle claire de succession. Le royaume a provoqué la chute des prix du pétrole pour briser la croissance de la production e gaz et de pétrole de schiste américains. Eternelle histoire de l'arroseur arrosé les revenus pétroliers de l'Etat saoudien plongent.

La guerre entre le royaume et l'Iran gagne en intensité. Sur le front irako syrien le Royaume espère envoyer les troupes d'une coalition sunnite avec le soutien des occidentaux, moins pour combattre Daesh que pour empêcher les progrès des chiites (Assad, Irak, Iran) et des Kurdes sur le terrain.

Dans la péninsule arabe les régions pétrolières sont peuplés de chiites, l'Arabie Saoudite les combat au Bahreïn et les exécute sur son propre territoire. Au Yémen les Saoudiens peinent à l'emporter sur les chiites soutenus par l'Iran.

Quant à la France …

Il ne faudrait pas croire que les évènements extérieurs n'ont aucun impact en interne. La posture de la compassion sied bien à François Hollande ; être chef de guerre rapporte des voix pour peu que les électeurs n'y comprennent rien. Mais seules les guerres gagnées rendent populaire et à la seule condition que le coût ne soit pas trop lourd à assumer. Se battre pour Erdogan et les islamistes n'est pas se battre pour une juste cause.

Que dire d'une population prise en otage parce que nos dirigeants veulent gendarmer le monde ?

Que dire des conséquences sur une société fragile en pleine crise identitaire ?

On aura beau rappeler que l'immense majorité des victimes de l'islamisme est composée de musulmans parce que Daesh se revendique califat, les réactions de peur sont inévitables.

Le califat est une idéologie avec une dimension symbolique et religieuse considérable[19]. Il est à l'islam ce que le stalinisme est à la philosophie marxiste.

C'est une idéologie qu'il faut combattre et rien ne sera possible sans un dialogue pacifié avec les musulmans et sans la condamnation du fondamentalisme par les représentants de ce culte.

A défaut nous constaterons très vite les conséquences sur notre société d'une géopolitique brouillonne. Malheureusement cette idéologie ne se combat pas seulement avec des bombes. Si

---

[19] L'Etat islamique. Anatomie du nouveau Califat. Olivier Hanne et Thomas Flichy de la Neuville 2014

Daesh n'est pas écrasée sur le terrain par les Syriens, les Kurdes et les Irakiens, si l'occident apparait en première ligne alors les islamistes parleront de la victoire des croisés et une fois de plus en France et ailleurs des djihadistes se lèveront. Vaincue en Syrie, l'idéologie du califat renaitra en Libye ou au Soudan.

Que la France cesse d'armer les frères jumeaux de Daesh et de s'agenouiller aux pieds du sultan, et ce sera déjà bien.

Chapitre 2

La France face à l'islamisme

Il serait trop facile de présenter les terroristes comme des simples d'esprit ou des religieux illuminés. Ils sont porteurs d'une idéologie politique, l'islamisme. Ils partent faire le djihad pour construire un Etat théocratique, le Khalifat. Ils tuent pour cet idéal.

Parmi les 3 600 individus détectés, engagés dans un processus de radicalisation, on compte d'abord une majorité de jeunes de moins de 25 ans (65 %). La tranche d'âge des 18-25 ans est la plus concernée et s'y ajoute 25 % de mineurs. De plus, il faut relever que l'on trouve 40 % de femmes, 55% de convertis et que 50% des individus signalés n'étaient pas connus des services de police et de gendarmerie.

Comprendre la crise française nécessite une étude de l'idéologie de ceux qui nous font la guerre à l'intérieur et à l'extérieur. L'Etat Nation n'est pas compatible avec l'avènement d'un Etat confessionnel planétaire.

L'islamisme radical n'a rien d'une dérive sectaire, c'est une maladie de l'islam comme le nationalisme est une maladie de la nation. On ne peut étudier l'islamisme sans parler de l'islam.

Nous avons vu que Daesh, l'Etat islamique, s'imposait dans la géopolitique actuelle comme la référence du terrorisme, on pourrait croire que le mal serait facile à identifier. Malheureusement dans islamisme, il y a islam et parce que le risque d'amalgame existe, beaucoup refusent d'analyser la source du mal. D'autres parlent de complaisance à l'égard de l'islamisme. C'est comme cela que l'on apprend à se détester en France.

Sans doute tous les islamistes ne sont-ils pas des terroristes mais ils partagent le même idéal, la mise en place d'un système politique religieux, et c'est pour cela que la notion d'islamisme modéré pose problème. Il importe tout d'abord de définir l'islamisme et de dépasser la multiplicité de ses formes pour aller à l'essentiel et en ce sens la lecture de Bruno Etienne[20]est importante :

Avant la période coloniale il signifie tout simplement l'islam comme « mahométisme ».Voltaire l'emploie comme synonyme de mahométisme. Cette définition est aujourd'hui totalement abandonnée. L'islam n'est pas l'islamisme, l'islamisme est une doctrine politique qui s'appuie sur l'islam et souvent même le manipule.

Au XXème siècle, l'islamisme part d'une réaction politique de mobilisation de la communauté musulmane face à la colonisation et à l'occidentalisation, ressourcement et relecture. Il critique la laïcité et le modernisme. L'islamisme traditionaliste constitue une réaction anti moderne destinée à créer une entité communautaire musulmane. Néanmoins, pendant les années1950/80 la contestation politique de l'occident ne passe pas par l'islamisme mais le panarabisme laïc et ce dernier emprisonne les islamistes.

---

[20] L'islamisme comme idéologie et comme force politique Bruno Étienne Cité 14 2003

Depuis une trentaine d'années l'effondrement du nationalisme arabe, du nassérisme et des régimes laïcs (Saddam, Moubarak, Ben Ali, Assad) permet l'éclosion d'un islamisme radical. L'islamisme d'aujourd'hui n'est plus une simple réaction identitaire. Il a élaboré un projet politique mais les moyens pour le mettre en œuvre diffèrent.

 L'islamisme tel que nous le définissons est donc une idéologie multiforme qui a pour finalité la mise en place d'un système politique appliquant un islam littéral tel qu'il serait présumé être au temps des compagnons du prophète. L'ordre transcendantal des choses est la religion (din) qui prévaut sur le monde séculier (dunya) et la forme du pouvoir politique (dawlat).

Est islamisme dans notre définition :
- L'islamisation par l'interprétation littérale du Coran pour justifier la mise en place de la charia et l'avènement d'un ordre politique musulman
-L'islamisation par le bas, travail caritatif dans les quartiers populaires; les frères Musulmans en Egypte avant le Printemps arabe, les frères partout dans le monde avec l'argent du Qatar
-L'islamisation par le haut, toujours avec les Frères musulmans, travail intellectuel destiné à négocier la place de l'islam dans des pays laïcs pour faire évoluer progressivement les institutions dans une logique acceptable pour la charia
-L'islamisation « démocrate » (voie légale) : AKP, Ennahda ont pour objectif de transformer la société pour construire légalement un Etat islamique. Erdogan est un islamiste.
-L'islamisation par la violence contre l'État impie ; les islamistes qui combattent le régime en Syrie, en Egypte
-Le Jihad externe Al Qaeda et Daesh
-La restauration du Khalifat en 2014 et l'abolition des frontières avec Daesh
La France est directement concernée y compris sur son territoire par l'islamisme. Quels sont les liens de cette idéologie politique avec l'islam, comment se diffuse-t-elle et en quoi y adhérer pose un problème de compatibilité avec les valeurs de la république ?

L'islamisme tire ses origines d'une interprétation littérale du coran

Sur internet tout candidat à l'islamisme peut trouver un extrait du coran ou des hadiths et il peut alors les lire sans le moindre recul et surtout sans la médiation d'un musulman cultivé. Livrer les textes bruts est donc le meilleur moyen de générer d'un côté l'islamisme et de l'autre l'islamophobie.

Quelle que soit la religion un croyant adopte toujours une attitude défensive lorsqu'un non croyant entend interpréter sa foi. En Islam s'ajoute une autre dimension, le Coran est la parole de Dieu, peut-elle être matière à analyse ? Nous n'avons ni la prétention ni la capacité d'analyser les fondements de la foi musulmane nous nous contenterons de livrer des analyses réputées sérieuses et contradictoires.

Roger ARNALDEZ devant l'Académie des Sciences morales et Politiques, en 1994 s'interroge sur le projet politique de l'islam[21].

Arnaldez était l'un des plus grands islamologues, très engagé dans le dialogue inter religieux. Dans le cadre de ses recherches sur la spiritualité islamique, il publie successivement *Hallâj ou la religion de la croix* (1964), *Mahomet ou la prédication prophétique* (1975), *une traduction de Qarya zâlima de Kâmil Husayn, La cité inique : récit philosophique* (1973), *L'homme selon le Coran* (2003) et *Les sciences coraniques : grammaire, droit, théologie et mystique* (2005). On lui doit encore *Les grands siècles de Bagdad* (1985), *Averroès, un rationaliste en Islam* (1998), et *Fakhr al-Dîn al-Râzî, commentateur du Coran et philosophe* (2002).

L'islam est-il une religion de paix ?

« On peut encore citer un verset qui donne lieu à une interprétation inquiétante (2, 190-191) : « Et combattez dans la voie de Dieu ceux qui vous combattent [...]. Et tuez-les (wa'qtulûhum), où que vous les rencontriez. Et chassez-les d'où

---

[21]http://www.asmp.fr/travaux/communications/199 4/arnaldez.htm

ils vous ont chassés. Une terre conquise et devenue musulmane ne saurait jamais cesser d'être musulmane. L'Islam peut être pour certains musulmans une religion conquérante voulue comme telle par Dieu

Le jihâd fut donc considéré comme une obligation pour les croyants;certains jugèrent même qu'il constituait un sixième pilier de l'Islam, après la profession de foi, la prière, l'aumône légale, le jeûne de Ramadan et le pèlerinage. Mais ils ne furent pas suivis, car, si le jihâd est bien une obligation, elle n'est pas personnelle (fard áyn); elle est appelée fard kifâya, mot à mot : une obligation de suffisance, un devoir collectif qui pèse sur l'ensemble de la Communauté et exige d'elle qu'elle fournisse un nombre suffisant de combattants. Quoi qu'il en soit, le combattant se situe à un rang supérieur : « Les croyants qui restent assis (al-qâ'idûna, c'est-à-dire qui ne bougent pas de chez eux pour aller combattre), exception faite de ceux qui souffrent de quelque misère, ne sont pas égaux à ceux qui engagent leur personne et leurs biens dans le jihâd sur la voie de Dieu ; Dieu a distingué ceux qui combattent (al-mujâhidîn) de ceux qui restent assis chez eux, en les plaçant à un rang supérieur d'un degré [...] ; Il les a distingués par une récompense considérable » (4, 95). Quant à ceux qui sont tués dans le combat, ils deviennent des martyrs (shuhadâ'). Le Prophète a dit : « Il n'y a personne entrant au Paradis qui désire retourner sur terre [...] sauf le martyr. Il brûle du désir de revenir en ce monde et d'y être tué dix fois en raison de ce qu'il a vu de l'excellence du martyre ».

Notons simplement que la guerre sainte ne doit pas être inhumaine et sauvage: on ne doit pas tuer les vieillards, les femmes et les enfants tant qu'ils ne viennent pas en aide à l'ennemi combattant ; on ne tuera pas les moines, s'ils restent enfermés dans leurs couvents ; on ne coupera pas les arbres fruitiers ; on ne brûlera pas les moissons ; on n'abattra pas le bétail. Mais la seule question qui se rapporte à notre propos est de savoir si le jihâd a été conçu comme une guerre uniquement défensive ou également offensive. Si le jihâd n'est que défensif, il n'implique pas forcément la conquête. Mais s'il est offensif, il ne peut être déclaré qu'avec l'intention de conquérir... Mais, encore une fois, rien n'empêche un commentateur de généraliser la signification de tels textes. Néanmoins, d'autres versets semblent contenir un enseignement moins belliqueux. Par exemple (9, 5-6) : « Annonce à ceux qui font acte d'infidélité un châtiment douloureux, à l'exception des polythéistes avec lesquels vous avez conclu un pacte, et qui par la suite ne vous ont manqué (de parole en aucune des conditions du pacte) et qui ne sont venus en aide contre vous à aucun (des infidèles). Respectez donc envers eux leur pacte jusqu'à (ce que soit écoulée) la durée (pour laquelle vous l'avez conclu) ». Nous avons traduit ce verset en suivant le commentaire des Jalâlayn. Citons encore (9, 7) : « Tant qu'ils sont corrects avec vous, soyez corrects avec eux. » Sans doute est-il toujours questions des polythéistes. Mais on peut aisément étendre la portée de ces textes aux infidèles en général, donc aux juifs et aux chrétiens. Dieu reconnaît de tels pactes ; il oblige les croyants à les respecter, donc à ne pas attaquer les premiers pendant toute la durée du pacte.

Notons d'ailleurs que le monde se divise, pour les musulmans en deux domaines opposés : celui de l'Islam (dâr al-Islâm) et celui de la guerre (dâr al-harb). Or dès qu'il est admis que la Loi coranique doit devenir universelle et s'étendre au monde entier jusqu'au Jour de la Résurrection, que peut signifier cette division, sinon que les Croyants ont pour mission de conquérir le monde par les armes du jihâd, car, si on peut discuter sur le sens exact de ce dernier terme (traduit approximativement par « guerre sainte »), il est incontestable que le mot arabe harb signifie bien « guerre »

L'analyse montre donc combien la qualité de l'interprétation sera décisive, l'islamisme se nourrit de l'expansion militaire musulmane des VII et VIII ème siècles. Le christianisme et avant lui le judaïsme connurent également les guerres de conquête. L'Ancien testament propose des lectures littérales d'un Dieu vengeur qui condamne à mort les enfants d'Egypte. Les lectures littérales existent hélas encore. Toutes les religions sont concernées mais l'islam est une religion jeune qui n'est pas encore parvenue à la maturité de la repentance.

Tous les imams de France condamnent les attentats, c'est un fait et ils nous rappellent que le djihad est avant tout un appel intérieur au dépassement de soi. Ils ont raison. Il leur est plus difficile d'admettre que l'expansion de leur religion s'est faite, comme les autres, souvent par le glaive. La lecture des « clefs de lectures « de Tareq Oubrou publiées par la Fondation de l'innovation politique, est très éclairante de cette difficulté.

« L'Empire musulman, s'étendit et permit le développement d'une civilisation qui s'est construite sur les restes des deux civilisations dominantes de l'époque, affaiblies par les guerres et les divisions internes : la romaine et la perse. L'expansion rapide de l'islam s'explique en grande partie par leur déclin et l'aspiration de leurs minorités à plus de justice et de liberté.

C'est ce qui explique la pénétration de l'islam en Espagne, pour ne citer que cet exemple. Ce sont les juifs et les chrétiens d'Espagne qui firent appel aux musulmans, pour les délivrer de l'oppression qu'exerçaient sur eux les Wisigoths, qui étaient aussi des chrétiens. »

On ne peut que s'inquiéter d'apprendre que l'imam de Bordeaux souhaite que les programmes d'histoire soient réécrits car la représentation qu'il nous donne de la conquête est pour le moins simpliste. L'empire byzantin comme le perse étaient tout sauf décadents et les musulmans comme tous les conquérants massacrèrent aussi (massacre de Saragosse, crucifixion) et exigèrent des juifs et des chrétiens un impôt de soumission. Il est vrai que l'histoire nous présente également une extraordinaire civilisation arabo musulmane aux 8eme et 9eme siècles, civilisation capable de reprendre à son compte les apports des civilisations précédentes et même alors d'un recul critique sur les textes.

L'islamisme se nourrit en fait de l'obscurité qui recouvre ensuite cette civilisation et la rend rigide. Toutes les religions ont dévié au cours de l'histoire vers la mise en œuvre d'un projet politique. Le Christ a séparé ce qui était à Dieu de ce qui était à César mais quelques siècles plus tard Constantin transformait le christianisme en religion d'Etat. La séparation de l'Eglise et de l'Etat n'est ni systématique ni très ancienne.

Le judaïsme se heurte aux mêmes difficultés. L'Etat d'Israël né du sionisme est un Etat religieux.

Pour comprendre ce qu'est l'équivalent de l'islamisme philosophique pour un chrétien il faudrait relire Saint Augustin et sa définition de la cité de Dieu. Augustin distingue deux règnes, celui des hommes et celui de Dieu, le pouvoir temporel et le pouvoir spirituel. Le pouvoir temporel, parce qu'il se fonde sur le droit naturel, lequel part de l'inégalité physique des hommes, est imparfait. Le pouvoir temporel doit donc se soumettre au pouvoir spirituel, parfait et juste. L'Etat, chez Augustin, doit être le garant de l'ordre divin, être au service des intérêts de l'Eglise.

Le but de la politique sera donc la constitution d'une «théocratie pontificale», c'est-à-dire à l'affirmation de la domination universelle, sur le plan temporel comme sur le plan spirituel, de la suprématie des papes sur les princes.

L'autonomie politique des hommes n'est qu'un leurre, les hommes doivent d'en remettre à Dieu. C'est ce motif qui justifie la théocratie : sans Dieu, les hommes vivant en communauté ne peuvent répandre, selon Augustin, que l'injustice. Si pour les grecs Aristote et Platon le pouvoir provenait de la rationalité, le pouvoir chez Augustin prend sa source dans la création divine. Et malgré leur égalité, les hommes sont placés dans une position d'hétéronomie. On passe d'un ordre immanent, dans lequel les hommes sont et maîtrisent leur destinée politique, à un ordre transcendant, dominé par Dieu.

L'islamisme a été structuré par les théoriciens du khalifat

Il ne peut y avoir deux princes dans un seul royaume pour gouverner la chose publique. Au cours de l'histoire il fut longtemps reproché aux catholiques ultramontains une fidélité excessive à l'égard du pape. Les juifs sionistes sont souvent accusés d'être plus israéliens que Français. Les musulmans islamistes sont à leur tour concernés par ce type d'accusation.

Comment concilier deux projets politiques différents, l'un national, l'autre communautaire ?

La philosophie des lumières a fait table rase des monarchies de droit divin en occident mais l'Islam doit encore accomplir sa mutation. Religion et politique font rarement bon ménage, et bien des exactions viennent de ceux qui entendent gouverner au nom de Dieu et appliquer ses lois sur terre.

L'immense majorité des croyants parvient à concilier foi et engagements politiques mais ce n'est pas le cas d'un certain nombre de prédicateurs.

Le premier de des théoriciens de l'islamisme est Ahmed ibn Hanbal, il vivait il y a plus de dix siècles. Les thèses hanbalistes sont régulièrement reprises aujourd'hui sur les sites islamistes[22].

« Le Khalifat est un État spécifique et distinct de tout autre système de gouvernance, et la Loi de Dieu ou charia institue la méthode pour l'établir de même que la manière d'adopter les lois relatives au pouvoir, à l'économie, aux Affaires étrangères, etc. Il ne consiste pas en un effet d'annonce diffusé sur des sites internet et relayé par les médias. Ce sera bien plutôt un événement majeur qui fera trembler la planète tout entière ; ses racines seront profondes puisant leur force dans une opinion publique islamique favorable ; son autorité maintiendra la paix et la sécurité intérieure et extérieure sur terre où il appliquera l'islam et le propagera à travers la prédication et, si nécessaire, par le djihad.

Car l'État islamique est la condition sine qua non pour l'application intégrale de l'islam à l'intérieur pour le bonheur des musulmans, la réunification de la nation islamique et la propagation du Message à l'extérieur pour le bien des autres peuples. En outre, le Khalifat est aussi un remède efficace contre la médiocrité intellectuelle, la misère morale et l'indigence matérielle qui gangrènent les musulmans d'aujourd'hui. Alors, que celui qui se soucie de la situation des musulmans agisse en conséquence. Cela suppose de s'impliquer

---

[22] http://www.sounna.com/spip.php?article203

politiquement afin de changer la situation déplorable dans laquelle se trouve la 'Oummah islamique. D'autant plus que le Prophète (SA'WS) nous annonce un avenir radieux dont l'accomplissement incombe à tout musulman sincère: « Vous connaîtrez l'avènement de la Mission prophétique le temps que Dieu voudra ; ensuite ce sera un Khalifat bien-guidé ; puis viendra un pouvoir rigide ; par la suite, ce sera une dictature ; enfin viendra un Khalifat qui suivra la voie tracée par la Mission prophétique. » (Rapporté par 'Ahmad, dans al-Mousnad, tome 4, page 273). L'épreuve de l'imam Ahmed Ibn Hanbal »

Le déclin du monde musulman à partir du XVIIème siècle, la disparition de l'empire Ottoman après la guerre de 14/18, la colonisation du monde arabe, ont eu de lourdes conséquences. Le projet politique est à la fois anti colonialiste, anti occidentaliste et anti laïc. Impossible de comprendre l'islamisme d'aujourd'hui sans rappeler le colonialisme et le sionisme qui seront son terreau.

L'idéologie islamiste contemporaine apparaît en Egypte avec les Frères musulmans. Ces derniers, fondés en 1928 par Hassan al-Bannâ, et dont Sayyid Qutb demeure à ce jour l'idéologue le plus influent, comptent, plutôt que sur la lutte armée, sur une réislamisation en profondeur de la société par un patient travail social.

Mohamed Iousi analyse le schéma idéologique des frères[23].

Le premier ennemi des frères est l'islam populaire et coutumier, celui de tous les syncrétismes. L'islam frèriste est par définition construit par l'éducation

« Hassan Al-Banna (1906 - 1949) était professeur des écoles primaires durant presque dix-neuf ans. Cette préoccupation était excessivement manifeste chez ses « frères » contemporains. Elle l'est toujours chez ses successeurs, en Egypte, dans les pays arabes et en Occident. S'adresser à ces

[23]https://blogs.mediapart.fr/mohamed-louizi/blog/190515/hassan-al-banna-et-la-jeunesse-14

tranches d'âge, à travers les parents, les instituteurs, mais aussi de manière directe, lors de rassemblements ou durant les colonies de vacances, cela représentait l'une de ses priorités capitales.

« Nous croyons fermement qu'il n'y a qu'une seule et unique idée qui est capable de sauver ce monde tourmenté, d'orienter l'humanité perdue et de guider les gens vers le droit chemin. Une idée qui mérite que l'on y sacrifie nos vies, notre argent et tout ce que l'on possède, que ce soit des choses dérisoires ou bien très chères, pour la proclamer et l'annoncer aux gens, afin de les entraîner à l'embrasser. Cette idée est l'islam ».

« Nous allons faire le Jihad pour concrétiser notre idée. Nous allons lutter pour sa cause durant toute notre vie. Nous allons appeler tout le monde à y adhérer. Nous allons tout sacrifier pour elle. Deux choix nous sont offerts, ou bien nous vivrons dignes grâce à cette idée, ou bien nous mourrons dignes pour sa cause. Notre devise sera toujours : Allah est notre ultime but ; le Messager est notre exemple et guide ; le Coran est notre constitution ; le Jihad est notre voie ; mourir dans le sentier d'Allah est notre plus grand espoir ».

Sur le chemin du Tamkine, marchons !

Il expliqua que la première étape des « frères » est d'éduquer d'abord « l'individu musulman » pour qu'il soit fidèle à l'islam, un certain islam politique, dans sa pensée, dans sa croyance, dans son comportement, dans ses émotions, dans son travail, etc.

La deuxième étape est d'éduquer « le foyer musulman », homme, femme et enfants.

La troisième étape est de composer le « peuple musulman », à partir de toutes ces personnes et familles apprivoisées, lors des étapes précédentes. Le discours de la confrérie devait être diffusé partout dans les quartiers et les villes, tout comme dans les villages et les campagnes isolées.

La quatrième étape est d'atteindre le « gouvernement musulman » « nous ne reconnaissons aucun régime de gouvernance politique qui ne se base pas sur l'islam et qui ne puise pas ses lois de sa source [la Charia]. Nous ne reconnaissons ni ces partis politiques, ni ces configurations traditionnelles de gouvernement, que les mécréants et les ennemis de l'islam nous ont imposé »].

La cinquième étape est d'annexer à notre « gouvernement musulman » chaque « partie de notre patrie islamique divisée par les politiques occidentales, et désunifiée par les convoitises européennes » Hassan Al-Banna visait la reconstruction à nouveau d'un Califat islamique très étendu.

La sixième étape « En effet, l'Andalousie, la Sicile, les Balkans, le Sud de l'Italie et les îles méditerranéennes, toutes ces colonies islamiques d'antan, doivent revenir au domaine géographique de l'islam

La septième et dernière étape est de « proclamer notre appel à l'islam à la face du monde entier. Nous voulons lui soumettre tout tyran, jusqu'à ce qu'il n'y ait plus de sédition, et que tout culte soit rendu uniquement à Dieu. »

Ainsi les frères ont un objectif politique reconstruire le Khalifat, l'Etat islamique appliquant la charia. Ce Khalifat mis en place après la mort du prophète, repris par les ottomans et détruit après la première guerre mondiale. Le projet va plus loin, la conquête du monde. La reconstruction du khalifat est indispensable pour permettre le jugement dernier et la fin des temps.

Le projet des Frères et celui de Daesh ne feraient-ils qu'un ?

Un autre idéologue des Frères musulmans joue un rôle essentiel, Sayyid Qutb. Nasser le fait pendre mais ses disciples assassineront Anouar El Saddate. En 2013 BOOK[24] consacra sous la direction d'Olivier Postel Viney un dossier sur l'islamisme et sur Qutb :

---

[24] «Books», numéro de novembre 2013

« Parce qu'il concevait le mouvement non pas simplement comme une lutte pour la réforme, mais comme une manière de mener une guerre perpétuelle du bien contre le mal, l'intellectuel égyptien a favorisé l'adoption par certains de tactiques extrêmes. Oussama Ben Laden étudia un temps sous l'autorité du jeune frère et disciple de Qutb, Mohamed, qui s'était réfugié en Arabie saoudite dans les années 1970 et enseigna longtemps dans une université de La Mecque. Ayman al-Zawahiri, le successeur de Ben Laden à la tête d'Al-Qaïda, a dit pour sa part de Qutb qu'il avait «attisé le feu de la révolution islamique contre les ennemis de l'islam en Égypte et à l'étranger». L'œuvre de l'idéologue est l'une des références cardinales des mouvements islamistes armés, depuis le Front Moro de libération islamique aux Philippines jusqu'aux chebabs somaliens.

Boko Haram, un groupe jihadiste dont les attentats dans le Nord à majorité musulmane du Nigeria ont fait des milliers de victimes depuis la création du mouvement en 2002, est à bien des égards l'expression d'une philosophie qutbiste ramenée à l'essentiel. Son nom associe le mot arabe haram, qui signifie interdit ou religieusement prohibé, avec le terme pidgin pour «livre», qui renvoie ici à la culture occidentale en général. L'indigénisme fanatique de Boko Haram trouve son fondement intellectuel dans cette conclusion ti.ée par Qutb : la construction d'une utopie musulmane passe par le rejet de tous les éléments étrangers à l'islam.

Mohamed Badie, l'actuel Guide suprême de la confrérie, a bien connu Qutb lors de leur séjour commun dans les geôles nassériennes des années 1960. Mohamed Morsi [élu à la présidence en 2012], l'un des principaux lieutenants de Badie, a pour sa part présenté Qutb comme un penseur qui «libère l'esprit et touche le cœur» et propose «la vraie vision de l'islam que nous recherchons».

Aujourd'hui le projet islamiste a construit une réalité territorialisée.

Au tournant des années 2000 les spécialistes définissaient un islamisme radical multiforme et en déclin car incapable de s'incarner durablement sur un territoire.

Plusieurs auteurs[25] écrivaient il y a dix ans (G. Kepel et O. Roy) que le projet politique de créer un État islamique classique en référence aux quatre premiers califes, les « Rachidun », conforme à la Sharia, sinon la respectant, était un échec complet partout dans le monde arabe et même dans la périphérie musulmane comme par exemple en Iran.

Roy puis Kepel analysent les tentatives de prise de pouvoir des années 90.   Trois classes sont dans le jeu, les catégories populaires, les classes moyennes et l'intelligentsia islamiste. Leur alliance en Iran permet la mise en place d'une république islamique. Pourtant ces expériences sont condamnées à l'échec en raison du rapprochement des catégories moyennes et des mouvements plus proches de la laïcité et de la modernité :

« La force puis la faiblesse de ce mouvement, ça a été de rassembler, de mobiliser ensemble, des groupes sociaux et des gens qui avaient des appartenances idéologiques divergentes. Dans le cas de l'Algérie, entre la fin des émeutes d'octobre 1988 et fin 1991-début 1992, on assiste à un mouvement qui mobilise, à l'intérieur du FIS, à la fois les classes moyennes pieuses arabisées algériennes d'un côté et les «hittistes» (jeu de mot algérien qui signifie «ceux qui tiennent les murs», les chômeurs). A savoir, on s'allie pour foutre en l'air le système FLN. En revanche, quand cette fusion dynamique ne se produit plus, la mouvance islamique s'affaiblit. Ses composantes sont toujours là mais elles sont tentées par des alliances différentes. La classe moyenne pieuse algérienne cherche aujourd'hui

---

[25] O. Carre, Lecture révolutionnaire du Coran par S. Qutb frère musulman radical, Paris, Presses de la FNSP, Éditions du Cerf, 1984 ; O. Carre et al. Les radicalismes islamiques, 2 vol., Paris, L'Harmattan, 1985 ; O. Roy, L'Afghanistan. Islam et modernité politique, Paris, Le Seuil, 1985 ; G. Kepel, Le prophète et le pharaon, Paris, La Découverte, 1984 ; B. Étienne, L'islamisme radical, Paris, Hachette, 1987.

davantage à créer des ponts avec les classes moyennes laïques ou dans des logiques de cooptation avec les pouvoirs établis »

Depuis la publication d' « Expansion et déclin de l'islamisme » plusieurs expériences islamistes ont eu lieu avec des régimes proches des frères musulmans, en Turquie, Egypte et Tunisie. Elles ont échoué ou ne prétendent pas à la mise en place du khalifat.

Une deuxième forme d'islamisme radical était décrite il y a quelques années par François Burgat, l'islamisme par le bas[26]

« Le recours au vocabulaire de l'islam opéré (initialement mais non exclusivement), au surlendemain des indépendances, par les couches sociales freinées dans leur accès aux bénéfices de la modernisation pour exprimer (contre ou, le cas échéant, depuis l'État) un projet politique se servant de l'héritage occidental comme d'un repoussoir mais autorisant, ce faisant, sa réappropriation. L' « islamisme » est donc l'utilisation politique de l'islam par les acteurs d'une protestation antimoderne perçue comme portant atteinte à leur identité à la fois nationale et religieuse. »

Cet islamisme débouchait selon Etienne sur une certaine impuissance:

« Certes, l'islamisation « par le bas » a largement progressé, mais les mouvements islamistes ont été pour la plupart « nationalisés » par leur combat dans chaque pays et aucun n'a la possibilité de combattre les États-Unis, même pas les mouvements palestiniens. Ils ont déjà assez de difficultés à se battre entre eux et contre leur pouvoir local accusé de trahir l'islam. Que ce soit les GIA ou le Hamas mais peut-être pas le Jihad égyptien, ces mouvements défendent leur territoire contre un ennemi interne (le pouvoir algérien) ou externe (les soldats israéliens) mais n'entendent pas restaurer le califat ni la umma ! Dans l'ensemble du monde arabe, cette diversité dépend du type de répression étatique et du type d'islâm officiel, moniste ou pluraliste

---

[26] F Burgat L'islamisme au Maghreb, Paris,1988.

Mais, en réalité, ces mouvements jouent le rôle de substituts politiques. Ils expriment une critique sociale dans le monde islamique et une contestation du communisme dans les pays de l'Est. Ce retour au religieux est contemporain de l'effondrement de l'idéologie communiste et des luttes de décolonisation. Il est aussi lié à l'arrêt de la croissance et de ses promesses. Comme si une crise sur l'avenir faisait resurgir le principal passé disponible.

L'islamisme terroriste de ben Laden ne changeait pas la donne en profondeur. Elle ne recrute pas les pauvres et les délaissés mais les instruits et les ingénieurs. Elle coordonne des groupes très différents et des services « étatiques » qui ne peuvent avouer leur aide ponctuelle. Idéologiquement, cette nébuleuse est à la fois très moderne par sa capacité à utiliser les techniques « occidentales » et en même temps très traditionaliste puisqu'elle se réfère en fait – en dépit des dénégations officielles à l'idéologie wahhabite ».

Les auteurs ont eu un immense mérite, définir le commun dénominateur de l'islamisme, sa référence à la transcendance et l'attente d'une théocratie.

La stratégie des frères musulmans doit être étudiée de près. La confrérie a dans le monde musulman un rôle considérable. Nous avons repris les textes fondateurs mais depuis la confrérie a évolué, éclaté et il est difficile de s'y retrouver.

Depuis 20 ans la référence au califat disparait du vocabulaire des frères, la prise du pouvoir se fera par les urnes. En France derrière Tariq Ramadan, son frère et l'UOIF de l'imam Amar Lasfar un nouveau visage de l'Islam se propage. Un islam universel, source morale et éducative qui présente une construction inédite et s'appuie sur une logique individuelle de décision et de choix.

Pour cet islam, il ne s'agit pas de croire et de pratiquer sa religion parce que l'on est né dans telle ou telle tradition croyante, mais d'exprimer son individualité en choisissant d'être un pratiquant et en redonnant un sens personnel au message révélé. Il en résulte une mise à distance avec la famille,

justifiée par le fait que les parents ne comprennent pas ce qu'est
le « véritable » islam, qu'ils n'ont pas de véritable connaissance
et agissent sous l'influence des coutumes et des superstitions
liées à leur culture. Tariq Ramadan s'inscrit-il dans
l'enseignement de son grand père, fondateur des frères, Hassan
al Banna ?

Tariq Ramadan conteste la définition donnée de l'islamisme, il
s'agit de défendre l'idée d'un « islamisme modéré » qui n'aurait
strictement rien à voir avec le terrorisme. En 2000 il s'emporte
face à Gilles Kepel : « *Si on ne définit pas ce qu'on entend par
islamisme, on fait des choix qu'on n'explique pas. Vous passez
des modérés aux salafistes (tenants de la tradition la plus stricte
et rigoriste) et aux djihadistes (tenants de la «guerre sainte» et
de la violence) et donnez le sentiment que tout ça c'est
finalement la même chose.* »

La stratégie des Frères a privilégié dans un certain nombre de
pays la transformation en profondeur de l'individu et de la
société, des partis qu'ils influencent ont tenté de donner corps à
un islamisme « modéré ».

Le modèle d'islamisme modéré est pour Tariq Ramadan, celui
de l'AKP en Turquie avec Erdogan. En 2012 l'espoir de
Ramadan se porte sur l'Egypte avec l'arrivée au pouvoir de
Morsi et Ennahda en Tunisie. Les occidentaux se laissent
facilement séduire par l'approche moderniste des frères. Les
Américains parient sur leurs succès, soutiennent Morsi et
s'accrochent encore à Erdogan. Pour l'occident, les Frères
cessent d'être de dangereux islamistes.

La France ne fait pas exception. En mars 2011, Alain Juppé se
rend au Caire et rencontre les Frères Musulmans. « Plusieurs de
ces jeunes (Frères musulmans) m'ont fait part de leur vision
d'un islam libéral et respectueux des règles démocratiques », a
commenté Alain Juppé, estimant que « la présentation qui est
parfois faite de ce mouvement mérite sans doute d'être révisée
». Avant d'ajouter : « Nous nous sommes peut-être laissé
intoxiquer quand on nous disait ces dernières années : "Les
régimes autoritaires sont le seul rempart contre l'extrémisme." »

Quelques semaines plus tard Morsi et les Frères prennent le pouvoir et sont soutenus par la France et les Etats Unis. Nous connaissons la suite résumée par ce témoignage paru en 2013 dans le Monde des religions

« Beaucoup d'hommes laissaient pousser leur barbe. Le jour de prière, tout le monde se montrait pieux. Les Frères musulmans affirment que l'islam est la solution de tout. Mais quand ils étaient au pouvoir, il n'y a eu aucune justice sociale. Pour eux, l'Égyptien n'est pas important. Leur politique économique a été un grand fiasco : on ne trouvait ni carburant ni pain. Elle a encouragé les problèmes sectaires dans les villages. Tous les matins, il y avait une nouvelle histoire : ou bien des filles étaient kidnappées pour avoir changé de religion, ou d'autres avaient quitté leur maison pour se marier à des musulmans. Les salafistes ont pris de l'ampleur. Ceux qui dirigeaient plusieurs villages ont appliqué la loi islamique. Sur la fin, les groupes liés aux Frères musulmans ont attaqué la cathédrale du pape copte Tawadros, à Alexandrie. Ils ont brûlé plusieurs églises dans le pays. L'armée n'avait pas d'autres choix que d'intervenir et de destituer Morsi sinon, ça aurait été la guerre civile : tout le peuple uni contre les Frères musulmans ».

Depuis les échecs égyptiens et tunisiens, les frères combattus par les Saoudiens et les Emiratis utilisent la Turquie et le Qatar comme bases arrière. En Syrie Qaradhawi appelle au djihad contre de régime de Hassad et les chiites, il soutient donc les islamistes « modérés » de Laurent Fabius et d'Erdogan. Le téléprédicateur vedette d'Al-Jazira utilise sa tribune pur lancer un appel clair «Le djihad en Syrie est désormais un devoir qui incombe à tous les musulmans (...) Le consentement parental n'est pas nécessaire dans ce cas."

Haoues Seniguer tire un certain nombre de leçons en 2013[27].

« Al-Qaradhâwî, mufti du Qatar, est le parrain du CILE (Le Centre de recherche pour la Législation islamique et l'Éthique)

---

[27]http://www.huffingtonpost.fr/haoues-seniguer/appels-au-djihad-qatar_b_3516820.html

que dirige le prédicateur Tariq Ramadan? Faut-il rappeler également que le théologien qatari, épinglé à plusieurs reprises pour judéophobie caractérisée et appels répétés au crime, est le maître spirituel de Nabil Ennasri, président du Collectif des Musulmans de France (CMF). Ce dernier n'a de cesse de faire la chasse à ceux qui disent du mal du Qatar. Dans une conférence qu'il a donnée le 4 juin 2011 à la mosquée de Guitard au Puy-en-Velay, le militant rendait un vibrant hommage à Y. al-Qaradhâwî qu'il considère comme l'un des plus grands Savants de l'islam.... N. Ennasri est le produit le plus abouti de la duplicité inhérente à une forme d'islam politique qui encourage les vertus de la dissimulation (al-taqiyya) et du double discours. En effet, le président du CMF utilise deux comptes Facebook: l'un, sous une dénomination officielle (Nabil Ennasri), à destination du grand public, notamment des journalistes, l'autre, sous un pseudonyme (En mode Crsept Aze), comme l'a récemment révélé Jacques-Marie Bourget, au moyen duquel le militant français de l'islam politique exprime ses véritables convictions idéologiques et ses aspirations métaphysiques. Il magnifie effectivement l'idéologie des Frères musulmans. Par ailleurs, il reprend à son compte les accents messianiques de L'Union Mondiale des Oulémas Musulmans et n'hésite pas à rallier la lecture eschatologique et confessionnelle du conflit fratricide syrien. »

Les évènements de Syrie ont accéléré la représentation que le monde se fait de l'islamisme.

Les révolutions arabes furent pour les partis islamistes une formidable occasion de prendre une revanche sur les régimes autoritaires laïcs qui étaient au pouvoir dans de nombreux pays. En Syrie, les Frères massacrés par Assad père organisèrent la révolte contre Assad fils. Les organisations militaires islamistes, y compris Al Nosra, obtiennent un soutien massif des régimes frèristes :Turquie, Qatar, Egypte de Morsi. L'Arabie saoudite suit avec les Etats Unis et … la France de Fabius.

En 2014 coup de tonnerre, les islamistes iraquiens pénètrent sur le territoire syrien et proclame le Khalifat. Pour la première fois depuis la première guerre mondiale, le rêve islamiste prends corps et avec lui un régime totalitaire.

La territorialisation de l'idéologie islamiste change la donne. Les perspectives professionnelles et le statut social qu'offrent Daesh attirent les déclassés du monde entier. A leur arrivée les apprentis djihadistes reçoivent une somme d'argent, une maison 2000 dollars à l'arrivée, puis 800 dollars par mois plus 200 dollars supplémentaires par femme et par enfant. S'y ajoutent l'offre de pureté, de rédemption et d'accès au paradis pour soi et 70 membres de sa famille. Le djihad prend en charge financièrement, professionnellement et maritalement ses membres. Daesh structure le territoire et recrute des médecins, des juges, des électriciens. Les jeunes installés en Syrie ou en Irak disent à leurs proches y avoir trouvé « leur paradis ». Beaucoup partent au djhad avec leur petite amie pour compter socialement comme d'autres, en France, en 1943 entraient dans la Milice.

Ce califat-là est-il le bon ?

Pour de nombreux islamistes la réponse dépend non de sa nature mais des capacités objectives de réussite[28].

L'Arabie saoudite déteste les frères, elle a soutenu Sissi en Egypte. Elle n'aime pas plus Daesh qui menace l'existence même de la monarchie. Le Qatar prend ses distances.

Les masques tombent et le jeu trouble de la Turquie ne trompe que ceux qui le veulent bien.

Le califat quant à lui cherche à s'étendre et de nombreux mouvements islamistes lui font allégeance en particulier en Libye.

Quant à la France elle découvre que des citoyens français sont séduits par le projet politique du califat, meurent et tuent pour lui...

Comment une telle idéologie a-t-elle pu pénétrer notre société et en particulier la communauté musulmane ?

---

[28]http://www.alterinfo.net/Le-veritable-etablissement-du-Khalifat-changera-l-ordre-mondial_a107683.html

Pour Roy[29] *les tendances à la radicalisation ont une incidence limitée sur la population musulmane vivant en Europe, même si l'idéologie des radicaux fascine une intelligentsia déclassée et une minorité de jeunes beurs manipulés et en quête d'identité. Roy pense* qu'il *ne s'agit pas, dans ces cas-là, d'une réislamisation, mais d'un besoin d'insertion sociale et d'une recherche de notabilité qui s'appuie sur un bricolage de la religion par des gens profondément occidentalisés. Cela provoque une forme de schizophrénie qui se traduit par de la haine, mais ne conduit pas toujours au terrorisme. La radicalisation se fait, selon Roy, non au niveau des grandes masses, mais dans le cadre de petits groupes marginaux (mosquées de banlieues, mollahs autoproclamés et jeunes beurs en quête d'identité). Ces groupes, méfiants face aux autres musulmans qui les rejettent, ne partent pas à la conquête de la communauté, mais restent dans le cadre étroit d'une structure sectaire. L'adhésion à ces mouvements radicaux correspond ainsi à une radicalisation des milieux déclassés et des jeunes instruits qui agissent sous le coup de la culpabilité et de la haine de soi, pour régler leurs comptes avec ce qu'ils pensent que l'Occident a fait d'eux.*

Pour Farhad Khosrokhavar[30]« *Par cet islamisme, les jeunes, souvent en situation de déclin social (exclusion, délinquance, radicalisation et infériorisation), déclarent la guerre à la société et promeuvent une forme d'islamité qui entend briser un Occident corrompu afin de préparer le retour à une société pure et islamique.* »

Ces explications ont conservé une grande part de vérité pour l'islamisme terroriste. Mais aujourd'hui l'islamisme a été mis en œuvre par des partis arrivés au pouvoir par des moyens « démocratiques ».

---

[29] Olivier Roy. Généalogie de l'Islamisme. Paris : Hachette, 2002.
[30] Farhad Khosrokhavar. L'islam des jeunes. Paris : Flammarion, 1997
[31] Expansions et déclin de l'islamisme, Gilles Kepel, Gallimard
[32] http://www.dreuz.info/2014/11/02/lapotre-trahi

L'islamisme ne saurait être réduit à sa forme exacerbée, le terrorisme. L'islamisme, pour réussir, a besoin de réunir sur des territoires donnés à la fois des catégories très pauvres, des classes moyennes et une intelligentsia de théologiens et d'imams. Il l'a fait au moment des révolutions arabes mais il a vite perdu les catégories moyennes. L'analyse de Kepel[31] reste en grande partie valable[32].

Une fois territorialisé, comment évolue l'islamisme au pouvoir ?

L'islamisme est-il une menace même dans ses formes dites modérées ? Ou l'équivalent des partis démocrates-chrétiens ?

La France redoute le terrorisme islamiste mais elle s'interroge également sur les conséquences d'une islamisation par le haut de la société. Michel Houellebecq dans « Soumissions » renouvelle le « rhinocéros » de Ionesco. Il raconte comment en 2022 au terme du deuxième mandat de François Hollande une alliance de la gauche et de la droite contre le FN, permet l'élection à la présidence de la république, du candidat de la Fraternité Musulmane. Par complaisance, opportunisme et paresse le héros s'abandonne à l'islam…

La France n'a pas le temps de l'histoire, elle doit donner rapidement une réponse géopolitique à l'extérieur et à l'intérieur apaiser les peurs, lever les ambiguïtés.

CHAPITRE 3

Les musulmans en France

En dehors des musulmans eux-mêmes, les autres Français connaissent mal l'islam. Bien des signes visibles que l'on attribue à cette religion ne sont que des signes culturels et les reportages se limitent souvent aux apparences de l'islam. Pour ne rien arranger une auto censure paralyse le monde médiatique et politique. Il ne faut surtout pas parler des musulmans et ceux qui le font ne peuvent vouloir que stigmatiser.

Longtemps la pratique musulmane n'a posé aucun problème en France mais le repli identitaire de quelques-uns fait naitre chez les autres la suspicion ou les fantasmes. Le hijab interpelle. Avec les attentats tout s'accélère et sur le net le fantasme sexuel de la femme voilée laisse la place à celui de la porteuse de bombe sous son niqab ou son hijab[33].

Officiellement personne ne fera l'amalgame mais dans l'inconscient ce sera autre chose. La France s'interroge sur le lien qui peut exister entre islam et terrorisme islamiste.

Pourtant les extrémistes musulmans n'ont pas le monopole du terrorisme. Anders Breivik a abattu 77 personnes en Norvège pour défendre sa cause, anti-immigration, antimusulmans, et pro " Europe Chrétienne ". Des Palestiniens musulmans ou chrétiens sont également victimes de terroristes juifs dans les territoires occupés.

Les raccourcis sont dangereux, ainsi les terroristes se revendiquent d'une pratique ultra traditionnaliste de leur religion mais Olivier Roy a tout à fait raison de noter que « ce sont souvent des jeunes qui vont très peu à la mosquée, boivent, vont en boîte de nuit, vont parfois en prison pour de la petite délinquance. Et puis en quelques semaines, ils se font pousser la barbe et basculent dans le terrorisme".

Il y a 50 ans des millions de musulmans vivaient en France mais personne ne parlait de terrorisme islamiste. Faut-il alors s'interdire toute réflexion sur les mutations de l'Islam en France depuis un demi-siècle et donc sur les liens indirects qui peuvent servir de terreau à un comportement terroriste ?

Au nom du politiquement correct beaucoup refusent d'évoquer une dérive communautariste lourde de conséquences. Le modèle d'intégration à la Française est en crise, tous les indicateurs sont au rouge, le communautarisme ne concerne pas que les musulmans mais ces derniers n'y échappent pas.

---

[33]http://www.francetvinfo.fr/faits-divers/terrorisme/attaques-du-13-novembre-a-paris/liberation-taxe-de-racisme-sur-twitter-apres-un-article-sur-une-femme-voilee_1212399.html

Pour s'ancrer le projet politique de l'islamisme a besoin qu'une communauté d'intérêts voit le jour, que des citoyens se pensent d'abord comme musulmans et seulement ensuite comme Français. Une telle évolution porte un nom, le communautariste.

La tradition française dite républicaine se veut universaliste et comme tous les universalismes elle refuse les différences. Le progrès permettra d'intégrer toutes les communautés pour en fonder une et une seule, celle des citoyens libres. La Révolution des lumières ayant tout passé au crible de la Raison le sacré et le profane sont clairement séparés, le politique appartient au profane et à la sphère publique, la religion n'a pas à se mêler de politique car elle appartient à la sphère privée.

Jusqu'au début des années 80 la venue en France de centaines de milliers de migrants musulmans n'a posé aucun problème car beaucoup souhaitaient s'acculturer et d'autres n'étaient que de passage.

Aujourd'hui les musulmans ne sont pas des immigrés mais des Français nés en France. La pensée dominante a valorisé une France multiculturelle, privilégié le « différentialisme » et beaucoup considèrent l'acculturation comme une aliénation. Les conséquences sur la communauté musulmane sont considérables. Alors que les pratiques populaires de l'islam sont totalement compatibles avec la République, il en va autrement d'un islam intellectualisé d'inspiration politique, c'est-à-dire islamiste.

L'islamisme est un autre universalisme, et comme tel il veut gommer les différences pour construire une seule communauté dans laquelle se retrouvera l'humanité. Cette communauté s'appelle l'Ummah. Elle est un construit politique et religieux L'islamisme affirme que l'islam vécu et pratiqué par les parents ne serait pas le vrai islam et déstructure la cellule familiale indispensable au processus d'intégration.

Il a fallu plus d'un siècle, le 19eme, pour que les catholiques français se sentent bien dans la République. Pour l'immense majorité des musulmans il n'y a aucun problème mais pour certains la République doit s'adapter ou s'effacer.

Nous retrouvons alors trois visages de l'islam cohabitant aujourd'hui en France.

Le premier islam, l'islam populaire et intégré, l'islam des «darons »

De la guerre à a fin des années 70 des centaines de milliers de migrants arrivent du Maghreb. Cette population de confession musulmane s'intègre dans le melting pot à la française comme s'étaient intégrées les vagues de migration précédentes.

La réussite de cette intégration passe par une croissance forte qui permet la mobilité sociale et par l'adhésion aux valeurs de l'école. Les parents arrivant en France poussent leurs enfants à réussir, l'assimilation est un objectif. Nous le verrons plus loin l'intégration demande bien des efforts et des renoncements et le sacrifice de l'identité des origines.

La pratique de l'islam héritée de cette période est encore majoritaire en 1987 lorsque que Gilles Kepel l'étudie[34]

L' «islam des darons et de la soumission» perdure jusque dans les années 1980. A l'époque on parle encore d' «islam en France». C'est l'islam d'immigrés venus en France pour travailler. Ces musulmans se considèrent alors comme «de passage» sur une terre d'exil (hijra). C'est alors une religion de primo migrants qui se pratique clandestinement dans des foyers de travailleurs immigrés, qui prolongent de manière informelle les modes de piété traditionnels du Maghreb. Le «hallal» n'existe quasiment pas et la plupart d'entre eux ne pratiquent pas le Ramadan, celui-ci n'étant pas obligatoire lorsqu'on est en voyage.

Michèle Tribalat[35] montre que la majeure partie des générations d'origine immigrée « musulmane » s'intègre en France et ce

---

[34] Gilles Kepel Les Banlieues de l'islam : Naissance d'une religion en France 1987
[35] Michele Tribalat Assimilation la fin du modèle français

notamment au regard de la pratique religieuse, linguistique et maritale.

« Les populations apportées par l'immigration algérienne en France ont donc fortement adapté leurs comportements religieux à celui des Français et on assiste à leur laïcisation. On ne peut pas se prononcer pour les autres courants migratoires en provenance des pays musulmans, la génération des enfants nés en France de parents immigrés n'étant pas encore suffisamment importante pour en permettre l'observation. Leur plus forte religiosité laisse cependant supposer une adaptation moins radicale, notamment pour les groupes structurés vivant en circuit fermé que forment les Turcs, mais aussi les Mandés d'Afrique Noire.

Dans « Le destin des immigrés » Emmanuel Todd[36] décrit lui aussi l'intégration qui réussit dans le temps.

 La première génération de personnes transplantées a tendance à amplifier le système anthropologique de sa culture d'origine, comme par réaction avec le choc représenté par le déracinement. Il appartient à la deuxième ou à la troisième génération de rompre avec cette tradition pour se couler dans les modes de fonctionnement du pays d'accueil. On observe alors un hyper-conformisme forcé, pour contrebalancer l'effacement traumatique de la tradition préexistante.

L'assimilation est achevée une fois que le taux de mariage mixte devient important. Or, le taux de mariage mixte progresse mécaniquement avec la place dans la structure sociale. En conséquence, les cultures de famille souche réussissent bien socialement, mais elles sont tuées culturellement par leur succès : leurs membres ayant atteint les classes moyennes et supérieures, se fondent dans la société d'accueil. C'est ce qui explique par exemple que les juifs, pourtant en principe en plein âge d'or aux USA, soient en réalité en train de disparaître : le taux de mariage mixte chez les juifs américains a dépassé largement les 50 %. Inversement, des groupes en échec collectif se maintiennent, faute de mariages mixtes. Exemple : les Noirs

---

[36] Emmanuel Todd Destins d'immigrés 1994

américains (moins de 3 % de mariages mixtes). Les Musulmans des années 60 s'intègrent progressivement et les mariages mixtes de leurs enfants se multiplient.

Christophe Guilluy[37] décrit une assimilation permise par les catégories populaires non immigrées. La bourgeoisie donne des leçons mais ne se mélange pas avec les immigrés, ne vit pas avec eux La France n'a pas de ghettos ethniques ou religieux. Les catégories populaires se retrouvent dans les mêmes barres HLM, vivent ensemble et le immigrés s'acculturent.

Todd retient l'hypothèse selon laquelle c'est la culture des sociétés d'accueil qui trace nécessairement le cadre de la dynamique d'assimilation. Une société reposant sur une vision universaliste, comme la France, voudra assimiler tous ses immigrés, alors qu'une société différentialiste, comme les Etats Unis, pratiquera la ségrégation.

L'universalisme Français est en marche mais il n'est pas to-lérant, contrairement à l'idée reçue. Dans la logique universaliste, toute différence objective peut et doit être résorbée par la marche du progrès. Cependant, l'universalisme n'est pas nécessairement intolérant il croit fondamentalement que l'humanité est une, et qu'elle n'a qu'un destin, dans lequel il doit se fondre de bon gré. La France de Pompidou compte 4 millions d'immigrés mais personne ne veut alors qu'elle soit multiculturelle. Alors l'islam semble soluble dans la République.

L'Islam en France est alors une religion venue d'ailleurs pratiquée par une minorité exogène. Il est déterminé par l'origine des migrants. Ces derniers sont majoritairement sunnites et malékites.

Ils sont sunnites comme 90% des musulmans du monde. Depuis la mort du prophète en 632 les sunnites et les chiites s'affrontent. A l'origine un conflit pour désigner le successeur de Mahomet à la tête des croyants : le sunnisme correspond aux

---

[37] Christophe Guilluy (Fractures françaises, François Bourrin éditeur, 2012)

fidèles des compagnons et les chiites à ceux de la famille et en particulier du gendre de Mahomet. Le monde chiite est structuré autour d'un clergé, le sunnisme n'a pas de clergé mais des écoles correspondant le plus souvent à l'influence de grandes université de théologie.

Il y a plusieurs écoles de jurisprudence et rites qui interprètent différemment la charia c'est-à-dire le chemin pour respecter la loi de Dieu.

- Les Hanafites sont majoritaires en Turquie, en Inde et au Pakistan.

- Les Hanbalites, rite ultra-orthodoxe, qui a accouché au XVIIIème siècle d'une secte : le wahhâbisme que l'on retrouve principalement en Arabie Saoudite et dans la péninsule arabique. D'ailleurs leur première action a été de raser les tombes du Prophète et de sa petite fille Zohra, les jugeant non conforme à l'idée qu'ils se faisaient de la religion. La théologie est marquée par l'atharisme, c'est-à-dire le refus de toute interprétation des textes et l'application littérale des textes.

 Les Malékites sont principalement au Maghreb (Maroc, Algérie Tunisie). Rite orthodoxe, mais qui a laissé prospérer l'Islam des Saints (Marabouts). Il y eut même syncrétisme avec le judaïsme maghrébin. Des saints des deux religions donnaient lieu à des processions communes. Les malékites ont une théologie marquée par l'asharisme c'est-à-dire l'introduction de la raison et l'acceptation d'une possible interprétation des textes. Pour certains il faut admettre une symbolique du coran.

Chacune des écoles doivent consulter les autres jurisprudences et elles se reconnaissent mutuellement et officiellement constituant ainsi le Sunnisme. Les Oulémas, les docteurs de la religion, déterminent quelles choses sont halal (licite) ou haram (interdit.)

Jusqu'aux années 70, l'islam était considéré comme une religion rétrograde et plutôt conservatrice « dont la pertinence sociale allait déclinant tandis que progressait la modernisation ». Gilles Kepel replace à juste titre ce lent déclin de l'islam dans un contexte international favorable aux thèses laïques. En France même il n'existe pas de revendication identitaire musulmane.

Ainsi la pratique des musulmans en France est-elle peu visible et semble condamnée à reculer devant la modernité comme l'a fait auparavant la pratique chrétienne. La France est perçue comme un pays du Dar al-Kufr, domaine des incroyants et des mécréants. Elle est aussi "Dâr ul-'ahd" pays qui vit en paix avec la Dâr ul-islâm. Mais la France n'est pas terre d'islam, les musulmans sont seulement des hôtes en cours de « francisation » des hôtes minoritaires[38].

La société française est alors très consciente de son identité et c'est pour cela qu'elle a massivement rejeté le principe d'une Algérie française et plébiscité l'indépendance. Au début des années 60 les partisans de l'Algérie française, justifiaient la lutte contre le FLN et le maintien des départements algériens dans la République, par la possibilité d'intégrer les musulmans d'Algérie. Si l'Algérie était restée française comme le souhaitait Jean-Marie Le Pen, la France compterait plus de cent millions d'habitants avec 50 millions de musulmans. C'est pour balayer cette utopie que le général de Gaulle répond à Peyrefitte en 1959[39]

« C'est très bien qu'il y ait des Français jaunes, des Français noirs, des Français bruns.

Ils montrent que la France est ouverte à toutes les races et qu'elle a une vocation universelle. Mais à condition qu'ils restent une petite minorité. Sinon, la France ne serait plus la France. Nous sommes quand même avant tout un peuple européen de race blanche, de culture grecque et latine et de religion chrétienne.

Qu'on ne se raconte pas d'histoire ! Les musulmans, vous êtes allés les voir ? Vous les avez regardés avec leurs turbans et

---

[38] http://www.maison-islam.com/articles/?p=312

[39] C'était De Gaulle, Alain Peyrefitte 1994

leurs djellabas ? Vous voyez bien que ce ne sont pas des Français. Ceux qui prônent l'intégration ont une cervelle de colibri, même s'ils sont très savants. Essayez d'intégrer de l'huile et du vinaigre. Agitez la bouteille. Au bout d'un moment, ils se sépareront de nouveau. Les Arabes sont des Arabes, les Français sont des Français. Vous croyez que le corps français peut absorber dix millions de musulmans, qui demain seront vingt millions et après-demain quarante ? Si nous faisions l'intégration, si tous les Arabes et les Berbères d'Algérie étaient considérés comme Français, comment les empêcherez-vous de venir s'installer en métropole, alors que le niveau de vie y est tellement plus élevé ? Mon village ne s'appellerait plus Colombey-les-Deux-Églises, mais Colombey-les-Deux-Mosquées... »

Deuxième visage, l'islam traditionnaliste

Gilles Kepel[40] dans les « Banlieues de la République », constate que les musulmans sont désormais majoritairement des citoyens français et non plus des immigrés et leur pratique cultuelle a profondément changé.

Certes la pratique de l'islâm des darons, demeure majoritairement. Elle ressemble à celle des catholiques pratiquants non réguliers. Le ramadan n'est pas incompatible avec la célébration des fêtes de fin d'année et si le porc est proscrit il n'en va pas de même du champagne.

Pour beaucoup de musulmans l'aspect le plus visible du changement et de l'affirmation identitaire est selon Kepel, le Hallal. Les musulmans mèneraient une compétition mimétique avec la communauté juive. Pour bien des musulmans, les chrétiens auraient renoncé à leur identité. Pas question de suivre cet exemple.

---

[40] Gilles Kepel banlieues de la République institut Montaigne 2011

«. Si le halal constitue un fort marqueur communautaire, c'est aussi qu'il s'est construit, dans la France du 21e siècle, en miroir inversé du casher. Tout au long de l'enquête, les juifs apparaissent, chez beaucoup de nos interlocuteurs musulmans, comme une minorité qui a su imposer sa spécificité – d'où elle tirerait la puissance qui lui est prêtée en dépit de son faible nombre, la crainte qu'elle inspire, le respect qui lui est prodigué. Il existe une sorte de compétition mimétique qui s'accompagne de remarques sur le peu de considération fait aux chrétiens par la société. Ceux-ci ne sont « plus très croyants » déplorent certains de nos interlocuteurs musulmans, qui ne sauraient donc se comparer à eux sauf à accepter le destin d'une dilution identitaire dans une laïcité dont les références éthiques, la dimension d'égalité ne sont plus perçues clairement par des populations qui vivent au quotidien les inégalités sociales

Sans doute est-ce la faible capacité d'attraction de la promesse laïque qui interroge le plus au terme de cette recherche Si 70 % de l'échantillon interrogé est composé de personnes de nationalité française dont au moins un des deux parents est né à l'étranger, les postures adoptées vont de l'adhésion aux valeurs et aux idéaux républicains jusqu'à la volonté de quitter la France, avec souvent l'expression d'une frustration de ne pas véritablement être reconnu comme français par ses compatriotes « de souche ». L'impossibilité de se sentir français dans le regard de l'autre majoritaire, exacerbée par la notion d'imprescriptibilité raciale – notamment chez certains jeunes d'origine sahélienne qui, en dépit de leur nationalité, ne se sentent pas français

Les résultats à la question « respectez-vous le halal ? » mettent en lumière la complexité des différentes acceptions de ce mot, qui dans sa définition la plus restrictive ne recouvre que la dimension de l'interdit alimentaire, mais peut aussi s'étendre à un code de conduite, une expression des normes et valeurs dominantes, en séparant le « halal » du « haram », le licite de l'illicite, dans de nombreux domaines depuis le registre de l'intime jusqu'à la vie en société. « Le halal, c'est de ne pas faire entrer de choses volées chez soi. Le halal, c'est faire comprendre à ses enfants qu'ils doivent être honnêtes. Le halal, c'est ne pas mélanger de l'argent qui est gagné à la sueur de son front avec un euro qui est malsain. Ça c'est halal. Le halal, c'est être fidèle à son mari. Le halal, c'est être fidèle à ses enfants, à ses amis. C'est très vaste… »

Le deuxième changement souligné par l'enquête à Clichy Montfermeil est le développement d'une pratique nouvelle de l'islam quiétiste et prosélyte, un Islam qui cherche à convertir et surtout entreprend de reconstruire le tissu social. Il progresse particulièrement chez les jeunes.

« L'offre d'islam à Clichy-Montfermeil est structurée autour du mouvement tabligh (« propagation de l'islam »), association piétiste et prosélyte, qui se caractérise par une resocialisation islamique ciblée vers les milieux les plus fragiles. Arrivés dans le quartier de Clichy-Montfermeil dans les années 1980, alors que s'installaient chômage de masse et problèmes de drogue, ces prêcheurs ont construit leur légitimité sociale en assurant une régénération morale des jeunes en perdition, autour d'une pratique rigoriste des préceptes de l'islam. Pour certains, leur action a permis l'éradication des drogues les plus dures dans des quartiers où l'Etat s'était désinvesti. La socialisation par le tabligh a touché beaucoup de jeunes et certains anciens pratiquants, ayant adopté depuis une attitude plus distancée, en ont gardé une éthique et une rigueur morale les conduisant souvent à un engagement laïc dans la vie associative ou la vie politique locale.

L'enquête menée dans la communauté musulmane de Lille par les chercheurs de the Denmark School[41] conduit à des conclusions proches.

« Dans cet islam, la religion est investie comme une orthopraxis, c'est-à-dire un souci de respecter à la lettre les prescriptions religieuses et de les incarner dans sa vie quotidienne. Le monde est alors balisé entre le pur et l'impur et tous les actes peuvent être classés en fonction de leur degré de

---

[41] The Denmark School Jeunes et radicalisation islamiste: parcours, facteurs et acteurs influents 2010

licéité ou d'illicéité. La pratique de cet islam est associé à l'apprentissage de l'arabe classique que la plupart des « enfants de la cité » ne connaissent pas, ainsi qu'à une approche des textes révélés et à la lecture d'ouvrages généraux sur les fondements de la tradition musulmane, la description des piliers de l'islam et des prescriptions dans les champs sociaux, économiques, culturels, éducatifs, la biographie du Prophète et les vies exemplaires de certains compagnons illustres, la question du statut des femmes ou encore des rapports entre islam et sciences.

Souvent traduits de l'arabe, ces livres sont écrits soit par certains auteurs classiques de la tradition islamique, soit par des auteurs plus récents dont les plus populaires appartiennent à la tendance salafiste. Plus rares sont les productions originales en langue française. Différents courants salafistes recrutent des jeunes en s'impliquant pour fournir rapidement une éducation de base en islam à des personnes non seulement dépourvues de connaissances, mais aussi des ressources pour y accéder. L'éducation dispensée est conservatrice et favorise un repli et un rejet de l'environnement non musulman. »

Le salafisme souvent financé par l'Arabie saoudite répond aux attentes d'une population jeune en quête de spiritualité. Certains ont une pratique acétique, ils veulent vivre comme au temps du prophète et tous les salafistes, loin de là ne sont pas des terroristes en puissance. La « radicalisation » peut se révéler trompeuse.

Une figure médiatisée du salafisme est l'imam de Brest Rachid Abou Houdheyfa (175000 followers sur facebook) traité de fou par l'Imam de Bordeaux Tarek Oubrou pour avoir affirmé que ceux qui écoutent la musique violent la loi de Dieu

Cet islam traditionnaliste minoritaire en France illustre tradition hanbalite.

Il suffit de lire le coran pour constater que la pratique applique à la lettre ce qui est écrit en refusant toute interprétation ; c'est l'atharisme.

Un autre imam, professeur de marketing à la Sorbonne, Rachid Abou Houdheyfa se réfère systématiquement à l'université égyptienne AL AZAR, centre mondial du sunnisme pour contester Oubrou en lui reprochant d'être un imam autoproclamé n'ayant jamais fait d'études de théologie (il a fait des études de biologie).

Houdeyfa défend la charia, la lapidation, refuse en France l'interdiction du port du voile et rappelle les prises de positions orthodoxes des grandes universités sunnites aussi bien sur l'impossibilité pour un musulman de renier sa foi ou pour une musulmane d'épouser un non musulman. Dans ses conférences Houdeyfa condamne les terroristes et il leur conteste l'appellation de djihadistes

Le courant traditionnaliste dénonce souvent la logique colonialiste des occidentaux et s'inspire de la critique tiers mondiste. Les salafistes sont hostiles aux lois laïques, leurs mosquées les plus visibles sont menacées, pour beaucoup leurs pratiques ne sont pas solubles dans la République.

Quel est le poids de cet Islam en France ? Aucune enquête ne permet de le savoir mais Gilles Kepel replace ces évolutions dans un contexte mondial[42]et nous permet de comprendre le renouveau de ce courant.

« La guerre israélo-arabe de 1973 eut de grandes conséquences. Elle jeta un discrédit sur les capacités du courant nationaliste arabe à mener un combat contre Israël, la principale figure de l'ennemi extérieur. Elle occasionna le renchérissement du cours du pétrole, ce qui permit alors au gouvernement d'Arabie saoudite, puritain et ultra-conservateur, de disposer soudainement d'une manne financière inespérée. Il put ainsi soutenir et favoriser le développement des organisations islamistes un peu partout dans les pays musulmans et même au-delà. Les Saoudiens financèrent les associations, les mosquées, les projets caritatifs ou communautaires de tous ordres en sélectionnant les plus rigoristes A partir des années 70, de nouvelles générations

---

[42] Gilles Kepel banlieues de la République institut Montaigne 2011

urbaines, jeunes et pauvres, entrent en conflit avec les pouvoirs nationalistes en place. Les nouvelles couches sociales sont de plus en plus scolarisées, mais les conditions de logement et de vie sont dans tous les pays déplorables. Aucune perspective d'ascension sociale ne se dessine dans des sociétés souvent totalitaires, et c'est « dans le champ culturel que s'exprimera le mécontentement social et politique, à travers le rejet de l'idéologie nationaliste en place, et la substitution à celle-ci de l'idéologie islamiste ».

Troisième visage ; l'islam institutionnalisé se veut moderniste

De religion de migrants l'islâm est devenu en France, une religion de natifs. Désormais notre pays est Dar Ul-islâm, les musulmans sont chez eux et entendent donc pouvoir y respecter les prescriptions de l'islam. Comment alors concilier le droit positif français avec ces prescriptions ?

Face à ces enjeux, les pouvoirs publics ont cherché à trouver des interlocuteurs. Or faut-il le rappeler l'islam sunnite n'a pas de clergé. En 1997 Jean Pierre Chevènement est le premier à mettre en évidence les enjeux :

« L'islam est une religion nouvelle en France. Avec environ quatre millions de résidents de culture musulmane, elle est rapidement devenue la deuxième religion du pays. La moitié des musulmans qui vivent sur notre territoire national sont français. La plupart des autres sont appelés à le devenir. Le gouvernement ne saurait s'en désintéresser. J'ai suivi avec attention et médité les efforts de plusieurs de mes prédécesseurs pour intégrer l'islam dans la communauté nationale. J'ai le même objectif : aider à l'affirmation d'un islam français. Seulement, les difficultés qu'ils ont rencontrées m'incitent à la prudence. Il y a un paradoxe de l'Islam dans ses rapports avec la laïcité... »

JP Chevènement, en1997, met en évidence des principes à ses yeux non négociables et en particulier le droit pour chaque personne de changer de religion. Or pour l'immense majorité des organisations musulmanes, il est inconcevable qu'un musulman puisse se convertir à une autre religion ; il s'agit d'un acte d'apostasie condamné à mort dans certains pays.

Comment la République allait-elle imposer le respect de ses valeurs aux imams et aux organisations bien décidées à faire de la résistance.

En 2003, Nicolas Sarkozy met en place le Conseil Français du Culte Musulman. L'Etat a enfin son organisation avec laquelle il va pouvoir négocier ; il attend d'elle un contrôle plus étroit de la formation des imams et sans doute une définition claire de ce que doit être la vraie lecture du Coran. Les délégués sont représentatifs des lieux de cultes et leur nombre dépend des mètres carrés de chaque mosquée.

La désignation des membres du CFCM se révèle être une foire d'empoigne entre les « Algériens » de la Grande Mosquée de Paris (Boubakeur) , les « Marocains »de la FNMF et du RMF(KBIBECH) et surtout les Frères musulmans de l'UOIF(Alaoui et Lasfar). Cette dernière organisation institutionnalisée par l'Etat français est pourtant considérée comme terroriste par plusieurs pays.

Le CFCM dénonce sans ambiguïté les attentats mais il ne répond pas pour autant aux espoirs de la classe politique. Il s'oppose aux lois sur le voile, traine Charlie en procès après l'affaire des caricatures. Il refuse une laïcité à ses yeux synonyme d'intolérance et qu'il faut considérer comme une autre religion mise en place par l'Etat. Il n'entérinera jamais le principe non négociable de Chevènement sur le droit de toute personne à changer de religion.

Nul ne peut contester le poids croissant des UIOF et des organisations liées aux Frères musulmans. Hassan Izzaoui dirige la mosquée de Limoges, Tareq Oubrou celle de Bordeaux. Plusieurs écoles sous contrat avec l'Etat relèvent de l'UIOF dont le Collège-Lycée Averroès », qui vient de se rendre célèbre par un procès à l'encontre du professeur de philosophie, Soufiane Zitouni.

Le nouveau président de l'UIOF, Amar Lasfar est accusé de double langage par l'ancien frère Mohamed LOUIZI[43]

« L'on comprendra facilement que ce que visent les « Frères Musulmans » et le « Tanzim » international de la confrérie - dont l'UOIF en fait partie à travers la "Fédération des Organisations Islamiques en Europe (FOIE)" - est bel et bien d'arriver, par des moyens démocratiques et citoyens, que permet la République laïque, et aussi sans l'usage de la violence (Jihad armé) - dans la mesure du possible bien sûr - à atteindre cet état de "domination" politique absolue et maximaliste, permettant à une religion islamiste, sunnite, salafiste, asha'arite, pétrodollar et frériste de régner souverainement, sans partage, sous la seule et unique bannière « d'un Coran et de deux sabres », le premier dans la main droite et le deuxième dans la main gauche, comme le montre l'emblème historique de la confrérie !

Pour cela, il va falloir former des hommes et des femmes - non pas pour manier les deux sabres - mais pour les amener, le long d'un processus de qualification éducative et universitaire, à faire de l'entrisme intelligent, toujours sourire aux lèvres, et les prédisposer à faire de l'infiltration « douce », petit-à-petit, à tous les niveaux de l'État et dans toutes les sphères d'influence de la société française et de la communauté européenne. »

L'UOIF prouve chaque année sa puissance en organisant les fameuses rencontres du Bourget. Entre 100 000 et 200 000 personnes y participent pour écouter les conférences des frères les plus connus et en particulier Tareq Ramadan et les représentants de l'islamisme qatari comme le Cheikh Al Qaradhawi (interdit en 2012). Nombreux sont ceux qu'interpelle la complaisance des pouvoirs publics à l'égard des frères.

Pourquoi faire de l'UOIF et de ceux qui la représentent médiatiquement, et en particulier Tariq Ramadan, les représentants permanents de l'islam idéalisé ?

---

[43]https://blogs.mediapart.fr/mohamed-louizi/blog/050415/luoif-damar-lasfar-au-coeur-du-deni

L'idéologie des Frères et le modèle défini par Hassan al Banna sont totalement incompatibles avec les valeurs occidentales, c'est une certitude.

Première explication ; les frères seraient habiles et pratiqueraient un double discours capable de séduire un personnel politique inculte.

La deuxième explication serait rassurante. L'UOIF aurait changé et Tariq Ramadan comme Tareq Oubrou seraient les représentants authentiques d'un islam réformé.

Reconnaissons-le, Tariq Oubrou prend le risque de ne pas être compris des traditionnalistes et aujourd'hui il affirme la nécessité d'interpréter le Coran riche de symbolique. Ses adversaires mettent en ligne une vidéo vieille sans doute de vingt ans. Alors prédicateur frèriste il défendait la mise en place du califat. Aujourd'hui il se fait le défenseur d'une exégèse du Coran et refuse une interprétation littérale

Interviewé en 2015 par le journal Sud Ouest il répondait

« Les interdits et les injonctions pratiques de l'islam ne concernent que les croyants musulmans, et en aucun cas les non-croyants.

Il y a un paradoxe à critiquer un non-croyant qui représente ou caricature le Prophète puisque l'interdit ne s'applique pas à lui.

« La notion de blasphème n'a pas d'équivalent en islam. Seule existe l'apostasie, pour le croyant qui renie sa foi. Encore une fois, cela ne concerne que les musulmans. »

Si la guerre s'impose à vous, il faut l'accepter. Mais il n'y a pas de prescription guerrière proprement dite. Et le vrai martyr n'est pas celui qui cherche la mort mais celui qui la subit.

Sinon, l'islam est une religion de paix et le vrai djihad est intérieur. En théologie, cela signifie l'effort. Le terme de djihad, s'il est utilisé sans sa densité théologique pour imposer sa foi, est impropre : il s'agit alors de terrorisme. »

« Ontologiquement, l'égalité homme-femme est totale.»

« On appelle ijtihâd la réforme de la religion : la clôture de la révélation, ce n'est pas la clôture de l'explication, de l'interprétation. Ce qui signifie qu'on n'est pas censé reproduire la réalité du moment coranique, au VIIe siècle, pour pratiquer le Coran. »

« Le Prophète a refusé d'être roi et il n'a pas désigné de successeur. Et tous ses comportements n'étaient pas du domaine du religieux. La difficulté aujourd'hui à séparer les deux ordres vient du fait que les musulmans n'ont toujours pas fait leur deuil de l'effondrement - au XVe siècle - de la civilisation arabo-musulmane que l'islam avait créée. Il faut changer de paradigme. Et il me semble que la France est un vrai laboratoire pour la sécularisation de l'islam : il y a là un contact physique avec une réalité qui peut permettre à l'islam d'évoluer. C'est, théologiquement parlant, une occasion en or pour refonder une pensée spirituelle en phase avec son époque et qui contribue à la pensée universelle. »
« Le problème essentiel auquel est confronté l'Islam de France est de trouver le bon équilibre entre intégration et identité, modernité et authenticité.

Comment comprendre la laïcité ? Est-ce la laïcité idéologique hostile aux religions qui voudrait que le croyant soit invisible ? Ou la laïcité juridique, qui permet au citoyen d'exprimer ses convictions religieuses en privé et en public, individuellement ou collectivement, comme le stipule la Convention Européenne des droits de l'homme qui engage la France ?

Tareq Oubrou veut bien de l'intégration mais pas de l'assimilation. Il a l'intelligence de comprendre que l'essentiel ne réside pas dans la visibilité mais dans l'intériorité. De même il admet que les revendications identitaires sont dangereuses car elles dopent la peur de ceux qu'il appelle les Français de souche.

« Des prétendus spécialistes de l'Islam affirment que le Coran échapperait par principe à l'interprétation puisqu'il est parole dictée par Dieu ; cette assertion est tout simplement une absurdité ! Dès lors que l'on lit un texte, n'importe quel texte l'esprit tout entier est impliqué ; s'il y a un texte qui fait l'éloge de la raison, de la réflexion de la compréhension, c'est bien le Coran ; le fait qu'il soit une dictée divine n'empêche pas les croyants d'essayer de comprendre ce que Dieu veut insinuer ; le mot arabe pour révélation signifie indication ; le sens total n'est jamais dévoilé ; le Coran n'est pas un texte fermé sur lui-même ; l'histoire a montré que les musulmans n'ont fait que

l'interpréter depuis l'époque de Mohammed ; ce mouvement d'interprétation, d'exégèse et de commentaires n'a pas cessé pendant des siècles. »

En réalité, le Coran n'est qu'un point de départ ; il oriente la pensée mais le chemin doit être continué par le croyant lui-même ; la dictée divine laisse toute sa place à la raison.

Au Moyen Age, devant l'inflation des commentaires , les autorités religieuses ont décidé de fermer la porte de l'interprétation parce que la religion était devenu trop complexe ; par la suite, la théologie et surtout le droit sont entrés en régression alors que le monde continuait de se développer ; l'effondrement de la civilisation musulmane à partir du XVI ème siècle a accéléré ce mouvement ; la rupture avec la tradition a entrainé en retour une crispation dont est né le littéralisme, la nouvelle maladie de l'Islam.

En réalité, le Coran n'est qu'un point de départ ; il oriente la pensée mais le chemin doit être continué par le croyant lui-même ; la dictée divine laisse toute sa place à la raison. »

Bassam Tahhan[44] [45]est titulaire de la chaire supérieure des lettres arabes à Henri IV (Paris). C'est l'un des rares spécialistes des variantes du Coran et des penseurs maudits de l'islam. Il est franco-syrien, originaire de Alep souvent sollicité par le Maroc. Il est intervenu, en comité restreint, à la chaire UNESCO des droits de l'homme. Il interpelle régulièrement les officiels et appelle à une réforme comparable en Islam à ce qu'a connu le christianisme avec les protestants. Voici les thèses qu'il expose au Maroc.

« Un lecteur rationaliste du Coran c'est quelqu'un qui admet que le Coran est un texte ouvert, soumis à la polysémie (i.e. porteur de plusieurs sens.) La tradition en matière de lecture du

---

[44]http://www.quastufaitdetonfrere.com/QUESTIONS_ISLAM.html
[45]http://www.leconomiste.com/article/il-faut-en-finir-avec-lepreuve-dibn-hanbal-brentretien-avec-le-pr-bassam-tahhan#sthash.lgkweEvj.dpuf

Coran est unidimensionnelle, figée. Du coup, elle sort de la rationalité. Etre rationaliste, c'est accepter que chaque époque, avec son appareillage méthodologique, ses découvertes, propose sa propre lecture du Coran et ce jusqu'à la fin des temps. Etre rationaliste, c'est reconnaître que la démarche orthodoxe est faussée dès le départ puisqu'elle n'admet pas la pluralité des lectures

Le Coran a été figé en l'an (non béni pour les musulmans !) 901 par un certain Ibn Moujahid, cadi de son état. Avant cette date, plusieurs variantes du Coran circulaient. Et cela n'offusquait pas les bons musulmans ! Aujourd'hui, la pensée islamique évolue dans un cadre très strict, celui de la charia. Je me réfère, quant à moi, au texte sacré.

Je voudrais attirer l'attention sur les hadiths du prophète qui sont la principale source de conflit entre les historiens. Les hadiths sont à revoir. Omar ben Abdelaziz qui est passé pour un saint homme dans l'histoire, a été l'un des premiers à encourager la collecte des hadiths. Néanmoins, ce portrait gagnerait à être nuancé, car ce saint homme n'a pas été irréprochable notamment vis-à-vis des minorités non musulmanes. Il n'en reste pas moins difficile de procéder à la relecture du patrimoine arabo-musulman. C'est comme un château de cartes: si tu tires une seule, tout peut s'écrouler. La formation inculquée aujourd'hui aux Arabes ne favorise aucunement l'esprit critique. Pourtant, l'esprit critique ne nous vient pas des Occidentaux. Personnellement, je l'ai acquis chez les penseurs arabes avant de lire Descartes.....Depuis que le pouvoir politique a décidé lors du Xe siècle de fixer les 4 écoles, tout dénote de l'évolution de l'islam vers plus d'interdit et de rigueur et moins de liberté de pensée. De quel malékisme parlez-vous? En Tunisie par exemple, ils ont suivi une tradition malékite qui s'éloigne du texte fondateur de Malek. Le malékisme d'origine n'est pas le même que celui pratiqué aujourd'hui. L'évolution du droit fait que maintenant, le rite est devenu tellement riche et confus que parfois les pouvoirs religieux et non politique (les oulémas) y ont choisi des éléments au détriment d'autres.

Je revendique la liberté pour un musulman d'avoir un regard critique sur son histoire. Car il n'est du droit de personne de déclarer que quelqu'un est un renégat ou apostat. Que le renégat doit être tué en islam est en fait une trouvaille des juristes qui n'existe pas dans le Coran. Le seul verset du sabre qui appelle à tuer les mécréants a été révélé dans des circonstances déterminées. Au contraire, l'Islam dit que nul n'est contraint en religion. Mais l'abrogation va toujours vers la rigueur et l'interdit et non vers le pardon et la tolérance qui sont parmi les titres de gloire de cette religion.

On nous a confisqué notre islam. Ce que les musulmans subissent aujourd'hui trouve essentiellement son origine dans le passé. Comment peut-on sortir de ce cercle vicieux?

Toutes ces questions sont posées avec véhémence par Michael Prazan[46]:

« Les Frères musulmans, via leur conglomérat associatif et religieux dont l'Union des organisations islamiques de France (UOIF) est la version française, ont beau jeu d'affirmer, comme au lendemain de chaque attentat, que ces actes sont indignes, ignominieux, qu'ils ne sont pas l'Islam, qu'ils sont le fait de dégénérés et qu'ils n'ont, eux, rien à voir avec ça. C'est un peu court. C'est passer bien vite sur le fait qu'ils ont créé le discours conquérant et dominateur repris sans cesse par les groupes les plus radicaux et belliqueux de l'islam politique, que c'est leur branche palestinienne, le Hamas, qui, autour des années 2000, a banalisé les attentats suicides en faisant exploser quotidiennement leurs bombes humaines contre des civils israéliens dans le contexte de la seconde Intifada, ou qu'ils ont invité pendant vingt ans à la Rencontre annuelle des musulmans de France (RAMF), leur grand rassemblement printanier au Bourget, ici, en France, les « savants » les plus radicaux du monde musulman, des Frères musulmans égyptiens, soudanais ou qatari, qui venaient professer à visage

---

[46] Frères Musulmans: Enquête sur la dernière idéologie totalitaire 2014 de Michaël Prazan

découvert et dans l'indifférence générale la haine des juifs, des femmes, des homosexuels et de la démocratie.

L'Emir de la Confrérie, Youssouf al-Qaradawi, qui depuis sa tribune cathodique, « la Charia et la vie », sur la chaîne qatarie Al-Jazira, inonde le monde de prêches haineux qui incitent au meurtre des homosexuels, des chiites ou des juifs, était l'invité perpétuel de la RAMF jusqu'à ce que le président Sarkozy lui interdise l'entrée du territoire français en 2012. Le même Qaradawi déclarait il n'y a pas si longtemps au micro d'une journaliste égyptienne que, s'il est bien licite de pratiquer le djihad contre les mécréants et les apostats du monde musulman, l'Europe devrait être islamisée « non par le glaive mais par le prêche ». Car la Confrérie croit fermement dans « l'unicité de l'humanité », d'une humanité unie sous la seule bannière de l'Islam. Ils sont convaincus que l'islam et le monde ne seront achevés que par création (à long terme) d'un « Califat mondial ».

Or, une occasion unique s'offre aujourd'hui à la Confrérie, en perte de vitesse dans le monde islamique, de rompre avec ce logiciel doctrinal et sa violence ontologique. Balayée de la scène politique au Moyen-Orient et au Maghreb, mise en minorité par Al- Qaïda et Daesh en Syrie (ils étaient les premiers à livrer bataille contre Bachar al-Assad dans la foulée des révolutions arabes), la Confrérie ne tient aujourd'hui que par ses organisations occidentales, dont l'UOIF, qui pèse de tout son poids au sein du CFCM, est l'une des plus puissantes représentations. Elle va évidemment apparaître, elle qui ne soutient pas l'action armée et terroriste en Occident, comme l'interlocuteur pacifique et privilégié des pouvoirs publics, comme c'est l'habitude depuis trente ans en France.

Or, son « pacifisme » déclaré n'est qu'une nuance tactique qui ne la distingue pas sur le fond des groupes salafistes et djihadistes. Le programme général, les buts poursuivis et le corpus demeurent en réalité identiques. Tareq Oubrou, le recteur de la mosquée de Bordeaux affilié à l'UOIF des Frères musulmans affirme vouloir réformer de l'intérieur le poison idéologique et « théologique » qui gangrène la Confrérie et le monde islamique au sens large. Il prétend vouloir abattre les «

théologies conquérantes et dominatrices », tout au moins en Europe.

L'homme a pu apparaître ambigu par le passé, mais il a pris soin de nommer le mal et de se dire engagé sur cette voie, dans ce combat « interne ». Il faut le prendre au mot. Encourager cette initiative autant qu'exiger en retour de l'UOIF - qui, ne l'oublions pas, est chargée de la formation des imams de France ! - l'abandon total et définitif des vieilles lunes du Califat mondial, de « l'unicité » rêvée du monde par des engagements clairs : la prévalence, pourquoi pas sous la forme d'un pacte écrit et contresigné, des lois de la République sur les lois islamiques, des valeurs de la vie et de la liberté sur celles de la mort et du « martyre ».

Bref ; que l'UOIF mette à bas toute velléité politique et idéologique pour se contenter de son pré carré : le religieux, débarrassé de toute dimension hégémonique, de toute connotation meurtrière, de tout discours de haine. Devenir enfin les représentants d'un islam de France. »

Au terme de cette analyse il apparait que les musulmans sont en quête de repères[47]. L'islam populaire hier rural aujourd'hui citadin, est contesté et les pratiques changent. Deux nouveaux visages de l'Islam voient le jour, un se réclame du salafisme, l'autre de la modernité.

 L'Islam officiel, celui que reconnait l'Etat n'a pas levé toutes ses ambiguïtés. Est-il l'islâm que l'on peut qualifier de proto-humaniste car ses tenants ont cherché à se libérer des textes, les réinterprétant ou les épurant à la recherche d'une essence présumée, jugée plus à même de répondre aux besoins temporels ou spirituels ? S'agit-il au contraire d'un double langage avec un projet frériste rattaché au Qatar ?

Les Frères musulmans européens ont-ils rompu avec l'idéologie des fondateurs ? Ont-ils renoncé à l'objectif du califat ? Quelle

---

[47] Farhad Khosrokhavar. L'islam des jeunes. Paris : Flammarion, 1997

est leur position sur le droit d'une musulmane à épouser un non musulman, sur le droit d'un musulman à changer de religion ?

Un courant moderniste[48] non équivoque existe, souvent en périphérie du monde arabe, il peut s'appuyer sur certains auteurs comme le propre frère de Hasan AL BANNAH. Le développement de cet islam-là est peut être souhaitable mais est-ce à l'Etat ou aux non musulmans de s'en mêler ?

 Certainement pas et si des non musulmans interfèrent en se mêlent d'islam ils condamneront à l'échec ce qu'ils voudront promouvoir. Que l'on se souvienne des curés « assermentés » de la Révolution Française…

L'Etat est-il dans ses compétences à vouloir définir le bon Islam ? Pourquoi se mêle-t-il de théologie ? Ne devrait-il pas se contenter de mesures de polices et sanctionner si besoin ce qui contrevient à l'ordre public ?

Il n'est pas de notre compétence de juger mais tout simplement d'expliciter ce que cela implique en matière de maintien de l'ordre, de respect de la loi. C'est une affaire de police, pas de théologie ou de religion.

Il n'est pas facile d'aborder la question de l'islam en France car les musulmans s'interrogent à raison sur la légitimité d'un non croyant à juger de leur foi. De quel droit déciderions-nous de ce que doit être l'Islam en France ? D'ailleurs pourquoi serait-il unique ?[49] [50]

Mais il y a un problème ; chaque fois qu'un Français se pense comme musulman, comme chrétien, juif ou athée, avant de se penser comme Français, chaque fois alors la République se lézarde.

---

[48] Expansions et déclin de l'islamisme, Gilles Kepel, Gallimard, F.
[49] Aux sources du renouveau musulman: d'Al-Afghani à Hassan al-Banna, un siècle de réformisme musulman, Tariq Ramadan
[50] http://rue89.nouvelobs.com/2015/12/01/reponse-a-olivier-roy-les-non-dits-lislamisation-radicalite-262320

Chapitre 4

La racialisation des musulmans

Paradoxe s'il en est au moment où les scientifiques récusent l'existence des races, les sociologues utilisent de plus en plus les concepts de radicalisme et d'ethnicisme.

L'ethnicisation se réfère au processus (social, historique, politique) de construction de frontières et de désignation de groupes sociaux, groupes qui se définissent eux-mêmes par leur origine ou leur culture. Il n'existe pas de groupe ethnique ou racial à priori mais les relations, les interactions aboutissent à la construction d'un tel groupe[51].

« Ethnicisation des rapports sociaux », « ethnicisation de la question sociale », « ethnicisation des emplois », ethnicisation de la société française », « racialisation des relations sociales», « racialisation des inégalités » ou encore racisation, voire ethnicité, sont aujourd'hui des vocables et expressions courants sous la plume des chercheurs. Ces thèmes font désormais l'objet régulier de journées d'études, de tables rondes, de séminaires et trouvent une place y compris dans l'enseignement universitaire.

Ces expressions apparaissent également de plus en plus fréquemment dans le vocabulaire sociopolitique écrit ou parlé de la presse, de la télévision, des acteurs politiques ou militants associatifs. Dans le discours médiatico-politique, l'ethnicisation de la vision (et division) du monde social

---

[51]http://www.lemonde.fr/politique/article/2012/09/27/il-y-a-une-ethnicisation-des-rapports-sociaux-en-france_1766672_823448.html

s'opère généralement en attribuant la cause d'un fait divers, d'un événement ou d'un phénomène économique, social, culturel ou le plus souvent d'ordre public (délinquance, trafic, émeute, violence, insécurité, etc.) à des fractions de population identifiées préférentiellement, non par leur position ou condition sociale, mais par l'origine ou l'identité ethnique qui leur est dans le même temps attribuée : Noir, Maghrébin, Arabe, Africain, musulman, etc. On constate également que dans le langage courant, le terme « immigré » a perdu son sens premier, qui se réfère à la mobilité géographique, pour s'apparenter de plus en plus à une « nationalité fantasmée » (Léger, 1997) opposée à une « ethnicité fictive ») appelée « Français », « Français de souche » ou « nationaux ».

Le néo-racisme est un « racisme sans races » qui se focalise sur les différences culturelles et non sur l'hérédité biologique : un racisme différentialiste (Balibar, 1988).

D'une manière plus générale, parler d'ethnicisation revient à affirmer à la fois que les hiérarchisations ou divisions ethniques existent dans la société française et qu'elles se renforcent. Et de fait, depuis plusieurs années, dans les rapports institutionnels et le discours politique, l'opinion qu'il existerait une « fracture ethnique » de l'ordre social qui s'accompagne d'une montée du « communautarisme » s'est progressivement répandue [...].

Ce processus d'ethnicisation est fréquemment dénoncé (par des acteurs et militants politiques, associatifs, syndicaux, des chercheurs ou intellectuels), soit parce qu'il fragiliserait la cohésion sociale et mettrait en cause le lien social et civique avec ses valeurs républicaines et universalistes, soit parce que la vision ethnicisante du social, en s'imposant masquerait la vraie nature de la question sociale, autrement dit ferait fonction d'idéologie. Dans cette optique, la logique d'ethnicisation aurait pour effet de brouiller la vision en termes de classes (et la conscience des rapports de classe), voire de s'y substituer. »

Il y a trente ou quarante ans on parlait certes de communauté juive, avec les ambiguïtés sous-jacentes, mais on ne parlait ni de communauté musulmane ni de communauté chrétienne.

De l'islam religion nous sommes passés à l'islam communauté ethnique, de la diversité des pratiques et des cultures d'origine à l'invention d'une communauté ethnique totalisante. L'amalgame a bien fonctionné mais pas celui dont on parle habituellement.

.

L'amalgame autorisé

Le discours médiatique et politique conduit à une confusion des termes. Musulmans et immigrés sont volontiers confondus et associés à une origine ethnico culturelle, celle du Maghreb-Machrek.

 Le musulman devrait être celui qui pratique le culte musulman au moins de manière épisodique et qui se reconnait dans cette religion. Telle est la définition utilisée pour parler des catholiques. La confusion se retrouve dans la méthodologie même de l'INSEE lorsqu' il s'agit de comptabiliser les musulmans en France. La méthode choisie est ethnique et non cultuelle, c'est celle utilisée pour la « communauté » juive. Pour compter les juifs de France aujourd'hui encore, on s'intéresse à ceux qui sont « potentiellement » juifs…

Pour évaluer le nombre de musulmans en France on calcule le nombre de ceux qui sont potentiellement musulmans à savoir de ceux qui viennent de pays musulmans et le leurs descendants (trois générations sont prises en compte).La méthode est reprise par le ministère de l'intérieur. A partir de là il y aurait 5 à 8 millions de musulmans en France[52].

Une telle définition du musulman surprendrait beaucoup de Français, en particulier ceux qui ne pratiquent plus depuis longtemps ou ceux qui sont issus de mariages mixtes. On trouve

---

[52]http://www.liberation.fr/actualite/2008/06/06/5-millions-de-musulmans-en-france_21064
http://www.cevipof.com/fichier/p_publication/750/publication_pdf_rf s_512_0219.pdf

de telles pratiques aux Etats Unis avec la définition de l'ethnie. En Europe sous Hitler étaient de race juive tous ceux qui avaient au moins un grand parent juif…

Un amalgame particulièrement dangereux est systématiquement pratiqué, il consiste à nier la diversité des islams et des cultures. Imaginerait-on regrouper dans une entité commune, celle de chrétiens, les descendants d'Américains, de Russes, d'Italiens et de britanniques, en oubliant ceux venus du Portugal. Qu'importent s'ils pratiquent ou pas…

Olivier Roy a brillamment démontré que la culture musulmane existe difficilement en soi. Il existe une culture perse, une culture turque, arabe… .Dans les pays d'accueil la déculturation des origines conduit à l'invention d'une culture communautariste. Il existe une culture, une cuisine libanaise qui peut être celle des chrétiens comme des musulmans, elle diffère de la culture marocaine. Une construction néo ethnique voit le jour en gommant la réalité des origines. Plus on efface le caractère marocain, algérien, libanais, plus on construit le communautarisme ethnico religieux et plus on favorise les islamistes. La mise en place d''un conseil du culte musulman a joué de ce point de vue un rôle d'accélérateur.

Avant la fausse bonne idée de Nicolas Sarkozy (inspirée des Belges) de créer le CFCM, il existait un islam marocain, un islam algérien… L'Etat a ainsi fondu la richesse des islams de France en une seule entité dans laquelle d'ailleurs les chiites n'ont pas leur place. Tous ceux qui emploient le concept de « communauté musulmane » participent de manière consciente ou pas à un amalgame.

Qu'importe si certains arabes sont chrétiens, d'autres musulmans non pratiquants, le marqueur unique et néo ethnique considère tout arabe comme un musulman. Et pourtant un des pères de l'Eglise Saint Augustin, était Kabyle. Et pourtant des millions de chrétiens d'Orient se sentent aussi… arabes.

Qu'importe si l'Arabe en question se révèle être un Turc, un Berbère ou un Perse, il sera toujours considéré comme une arabe et donc un musulman. En Grande Bretagne, l'Asiatique

Indo pakistanais joue le rôle de l'Arabe en France. Tout asiatique est par nature Pakistanais et donc musulman.

L'ethnicisation du religieux conduit à aberrations. Bien des caractéristiques attribuées à la « culture » musulmane, en particulier celles qui ont trait à la famille sont tout simplement méditerranéennes, comme la famille élargie et son rôle. Le port du voile n'est pas un signe religieux mais culturel.

Aujourd'hui en Kabylie[53] les islamistes veulent imposer le port du voile et une tenue vestimentaire à une culture qui a toujours conservé sa spécificité…

Au contraire il existe en France des dizaines de milliers de musulmans roux et blonds, descendants de Bretons ou d'Alsaciens, il s'agit des convertis.

Qui se souvient que l'Europe compte depuis dix siècles dans les Balkans une communauté musulmane ? Que l'Indonésie est le premier pays musulman au monde ?

L'amalgame est bien une réalité, pour beaucoup tous les « arabes » sont tous musulmans. Pire l'amalgame conduit à confondre musulmans et immigrés ? Normalement est immigré celui qui est né dans un pays autre que la France. Aujourd'hui l'islam est surtout l'affaire de personnes nées en France.

Qu'importe tous ceux qui ont un grand père né en Afrique, quelles que soient leurs religions, ils seront considérés comme des musulmans immigrés …

L'invention d' une communauté musulmane

Les organisations musulmanes condamnent-elles ce racisme statistique ? Bien au contraire elles s'en réjouissent. Pour des raisons pratiques car elles peuvent ainsi gonfler artificiellement le nombre des coreligionnaires. Pour des raisons idéologiques aussi.

---

[53]http://www.liberte-algerie.com/actualite/les-offensives-salafistes-se-poursuivent-en-kabylie-231208

L'étude du degré d'intégration des musulmans se heurte à des objections de principe, venues d'horizons diamétralement opposés. D'un côté, certains cercles refusent l'idée même de segmenter la population musulmane selon la pratique. Comme l'écrit explicitement le directeur de publication de la revue Islam de France, citant d'ailleurs Tarek Oubrou, imam de la mosquée de Bordeaux, « est musulman celui qui a la foi musulmane, même s'il n'est pas pratiquant ». Curieusement, cette approche qui nie la possibilité d'une mesure du degré d'intégration à l'islam analogue à ce qui se fait pour d'autres religions rejoint les positions d'un auteur comme Alain Besançon. L'historien souligne en effet que l'islam se donne pour « rationnel », « comme la seule religion conforme à la nature humaine ». Dès lors, le passage d'un musulman au christianisme n'est guère imaginable, et son éloignement de toute religion encore moins, vu l'horreur que lui confère cette réalité pour lui liée au christianisme qu'est l'athéisme moderne.

Ainsi l'amalgame autorisé aboutit à mettre dans le pot commun tous ceux qui viennent ou dont les parents et grands-parents sont issus de pays musulmans.

L'amalgame autorisé intègre plus largement les minorités dites visibles, « Noirs » (Antillais, Africains francophones) ou « Blancs », habitant dans des cités populaires à forte population immigrée et choisissant d'adhérer à l'islam, vécu comme « religion des banlieues » ; ces nouveaux convertis partagent en effet avec les musulmans d'origine le même sentiment d'exclusion, justifié par la précarité de leur situation professionnelle et sociale.

La représentation victimaire et ses conséquences

Ainsi a lieu un amalgame supplémentaire celui de l'islam et de la logique victimaire des « indigènes de la République ». Logique nourrie par la repentance et le droit à réparation, l'hostilité à l'égard d'un pays accusé de tous les maux. Le combat pour l'islam devient alors synonyme de lutte contre les injustices et le racisme. Toute critique de la pratique musulmane est insupportable car jugée raciste.

Malika Sorel résume bien l'impasse de cette logique[54] :

« Une frange de notre élite intellectuelle, minoritaire mais puissante, présente encore les immigrés d'Afrique et du Maghreb comme des victimes de la colonisation, envers qui la France aurait une dette inextinguible... Elle clame que les nouveaux migrants sont discriminés, et ceux qui osent les contredire sont aussitôt embastillés dans la case "raciste" ! Or la victimisation est catastrophique : la culture de l'excuse déresponsabilise les étrangers installés en France. Nous ne les incitons pas à faire les efforts nécessaires à la réussite dans notre société. Pis, nous multiplions en leur faveur les dispositifs dérogatoires au droit commun, nous négocions nos valeurs, nous transigeons. Sous la pression d'une minorité "bien-pensante", nos dirigeants, droite et gauche confondues, ont renoncé à transmettre à ces populations les codes indispensables à leur intégration. Nous laissons s'implanter en France des communautés revendiquant des privilèges et s'excluant elles-mêmes de la nation. Ce qui, finalement, ne satisfait personne : ni les immigrés, convaincus qu'ils sont discriminés parce qu'on le leur répète, ni les Français, qui souffrent de ces désordres. »

« La difficulté actuelle pour les politiques tient au fait qu'ils ont peur et que cette peur les place dans l'incapacité de nommer ce qu'ils voient. C'est elle qui fait qu'en matière d'intégration, on est passé d'une phase de contournement à une phase de renoncement, qu'on n'a pas un problème avec l'immigration mais un problème avec les Français qui sont racistes ! Voilà comment, depuis des années, on renonce à nommer les difficultés et comment, de ce fait, on ne se donne pas les moyens de les résoudre. Autre exemple : le fait qu'on s'interdise de nommer un phénomène tel que le racisme anti-Blancs qui est pourtant une réalité avérée dans certains quartiers où les flux migratoires ont abouti à une absence totale de mixité. Mais le nombre n'explique pas tout.

---

[54] Malika Sorel Sutter « décomposition française » Fayard 2015

Si le phénomène est désormais visible – ce qui n'était pas le cas il y a encore quelques années, même dans les quartiers dits sensibles –, c'est qu'il va de pair avec la dépréciation de l'identité française par les politiques eux-mêmes qui, à force de cultiver le registre de la repentance et à force de concessions consenties au fil du temps au respect de la diversité, ont fini par totalement déprécier cette notion d'identité française. Par la vider de son contenu et par la charger d'une image dégradée. Dans ce contexte, comment s'étonner que les enfants d'immigrés parviennent de moins en moins à se sentir français, même lorsqu'ils ont la nationalité française

Les études de terrain confirment les dégâts de la culture victimaire[55] [56]. Ainsi à Lille les professionnels indiquent aussi les effets pervers d'une intériorisation de la victimisation parmi certains jeunes des quartiers qui favorise la propagande de l'islamisme. Les grands frères influencent, selon certains d'entre eux, les jeunes et leur transmettraient ce message de victimisation :

« Il y a une volonté de leur part de s'absoudre de plein de choses, ils se disent victimes. C'est une espèce d'effet de mode qui vient beaucoup des grands frères. Au fond, ils savent que ce n'est pas justifié, car on s'intéresse à leurs familles, leurs vacances dans leur pays d'origine. »

Ahmed Aboutaleb, le maire de Rotterdam fait preuve d'une extrême sévérité à l'égard de la complainte doloriste à la mode :*« certains élus mettent en avant les conditions sociales défavorables, les discriminations, l'échec scolaire, le racisme... Franchement, je ne vois aucune preuve à l'appui de cette thèse.»*

La culture victimaire récupère également l'antisémitisme et les « indigènes » deviennent les victimes d'une nouvelle shoah. L' « humoriste » Dieudonné surfe habilement sur une telle thématique comme le relève Malek Boutih :

[55]Gilles Kepel banlieues de la République institut Montaigne 2011
[56]The Denmark School Jeunes et radicalisation islamiste: parcours, facteurs et acteurs influents 20

«les musulmans sont devenus la figure du peuple opprimé et Israël, puis les juifs par extension, le symbole de l'oppresseur occidental. D'autre part, à la faveur des discours de l'extrême-droite et des actes dénoncés comme islamophobes et par une sorte de renversement ou d'effet miroir, s'est installée l'idée que les musulmans sont traités par les démocraties occidentales comme l'ont été les juifs dans les années trente, stigmatisés et opprimés. Enfin, le travail de mémoire sur la Shoah est de plus en plus contesté au nom d'autres mémoires qui seraient tout autant légitimes et injustement sous-traitées, celle de la colonisation et celle de l'esclavage, comme s'il y avait un gâteau de la mémoire à répartir et donc une « concurrence mémorielle ».

Dans les quartiers le discours du « deux poids deux mesures », entre des juifs qui seraient insérés et protégés et des musulmans au contraire stigmatisés et marginalisés socialement, a rencontré un large écho. Les vieux préjugés sur les juifs qui seraient partout, tirant les ficelles du monde de la finance et des médias sont de retour. De façon remarquable ils sont très largement répandus chez les jeunes aujourd'hui alors que cela aurait été inenvisageable.»

CHAPITRE 5

La francophobie

Des jeunes, citoyens français, nés en France, combattent la République et perpétuent d'horribles attentats. En janvier une proportion inconnue de jeunes fait savoir qu'elle ne se sent pas « Charlie » et en décembre la réprobation des attentats ne fait pas l'unanimité. Philippe Val raconte comment le 13 novembre au soir, au moment des attentats, il est entré dans un établissent parisien halal où certains se congratulaient…

Une question légitime se pose : quelle est l'origine de la francophobie ?

 Nous avons admis les conséquences de la politique extérieure, nous acceptons l'idée que l'intégrisme religieux ou la résurrection du califat puissent avoir sa part de responsabilité. Nous avons souligné les dangers de la racialisation statistique et du communautarisme.

Mais si toutes ces données concourent à la création d'un terreau favorable, au même titre que le chômage, aucune ne peut expliquer la francophobie[57]. Il nous faut donc aller plus loin et chercher à expliquer pourquoi des citoyens français en arrivent à se détester.

Quelle est la responsabilité de tous ceux qui accusent la France de colonialisme et de racisme ?

Deux tendances majeures se font jour, d'une part la montée de la phobie de l'islam, d'autre part la dénonciation de l'islamophobie.

---

[57] L'ethnicisation du lien social dans les banlieues françaises Jacqueline Costa-Lascoux, Marie-Antoinette Hily Revue européenne des migrations internationales Année 2001 Volume 17 Numéro 2 pp. 123-138

La France islamophobe et raciste

Le concept de phobie renvoie à la peur, avoir peur n'est pas un délit. Cependant la peur peut conduire à une aversion vive, est-ce interdit ?

Le concept d'islamophobie dépasse la notion même de phobie à partir du moment où l'islam est concerné. Le dictionnaire Robert valide l'amalgame étudié ci-dessus et définit ainsi l'islamophobie : « forme particulière de haine dirigée contre l'islam et les musulmans qui se manifeste en France par des actes de malveillance et une discrimination ethnique contre les immigrés maghrébins »

Pour certains la priorité doit être donnée à la lutte contre l'islamophobie, pour d'autres les abus de la lutte contre les « actes islamophobes » seraient l'origine du mal.

Thomas Deltombe à l'inverse justifie le combat contre l'islamophobie car il y a « trois éléments clés de la peur de l'islam : le traumatisme de la guerre d'Algérie, la visibilité de la religion musulmane et la crainte de l'islamisation des modes de vie ».

Gourevitch étudie même les éléments constitutifs de la pensée islamophobe marquée par « « Le refus du compromis. Il n'y a pas d'islamistes modérés. Ceux qui se prétendent tels font le jeu des radicaux. Islam et islamisme sont semblables et tous deux à combattre. »

Le Collectif Contre l'Islamophobie en France (CCIF) a été créé en 2003. Il compte des antennes dans plusieurs villes de France, et a gagné en une véritable reconnaissance au niveau international en nouant un partenariat avec l'OSCE et en devenant membre consultatif de l'Organisation des Nations Unies.

Il appelle les musulmans à dénoncer l'islamophobie, de l'insulte à une femme porteuse d'un hijab à l'interdiction faite à des femmes voilées d'accompagner une sortie scolaire.

A titre d'exemple le site islamophobie.net s'en prend vigoureusement à la laïcité[58]:

« La mission laïcité compte en son sein des personnalités qui se sont distinguées par leurs prises de positions islamophobes, tels que Patrick Kessel, à la tête d'un "Comité Laïcité République" qui a récemment attribué un "prix national de la laïcité" à Françoise Laborde, la sénatrice à l'origine du projet de loi visant à étendre l'obligation de neutralité aux structures privées responsables de la petite enfance. On y retrouve également Elisabeth Badinter et Sihem Habchi, tenantes d'un féminisme excluant et paternaliste, qui pense pouvoir dicter aux femmes comment elles doivent se libérer. Enfin le responsable de la mission laïcité Alain Seksig, interdisait dès 2005, en tant qu'Inspecteur de l'Education Nationale, aux mamans voilées d'accompagner les sorties scolaires de leurs enfants, prétextant qu'elles étaient assimilables à des agents de la fonction publique. Au regard des membres permanents, on voit bien la vision de la laïcité qui est ici véhiculée. Il en va de même des principaux intervenants du cycle de conférences 2012/2013 organisé par le HCI et intitulé « Vivre et faire vivre la laïcité » : Françoise Laborde y animait hier 22 janvier une conférence sur la laïcité et la petite enfance, accompagnée de la directrice de la crèche privée « Baby-loup », Natalia Baleato, qui avait licencié l'une de ses employées au seul motif qu'elle portait le voile. Le troisième intervenant est Charles Conte, chargé de mission laïcité à la Ligue de l'Enseignement, laquelle s'était illustrée l'été dernier lors du licenciement de trois animateurs d'une de ses colonies de vacances à Gennevilliers ; le motif ? Ils jeûnaient pendant le Ramadan. Il en va de même pour les autres conférences dont on comprend, par le choix des thèmes, des exemples ou des intervenants, qu'elles ne laisseront aucune place au débat : ces conférences ne sont que des séances de propagande, qui réunissent entre eux les tenants de cette novlangue dans laquelle laïcité = islamophobie ».

---

[58]http://www.islamophobie.net/articles/2013/01/23/islamophobie-hci-haut-conseil-integration-laicite-femme-voilee-universite

Pascal Bruckner dans son ouvrage «chantage à l'islamophobie »[59] dénonce le travers de l'amalgame et les conséquences de pratiques rendant l'islam intouchable :

« L'islam est intouchable: le critiquer ou le soupçonner, c'est faire preuve de racisme. Telle est la nouvelle vulgate que tente d'accréditer le Mrap, un certain nombre de médias et de chercheurs et une partie des dirigeants politiques. De quoi s'agit-il en l'occurrence? De soustraire la religion coranique à l'épreuve que subissent, depuis longtemps, les deux autres monothéismes existants: l'épreuve de la remise en cause. Un petit brûlot rédigé par un «spécialiste») tente d'accréditer cette thèse: l'islam ferait l'objet d'amalgames scandaleux. Attaqué par des écrivains, tel Michel Houellebecq, ou des journalistes, telle Oriana Fallaci, il constituerait le paria des confessions et la confession des parias.

Or ceux qui l'incriminent ne le connaissent pas et leur virulence serait proportionnelle à leur ignorance: «fantasme» des fous d'Allah invoqué par des «intellectuels médiatiques», «fantasmes sécuritaires» dirigés contre les nouvelles classes dangereuses que sont les jeunes de banlieue; fantasme, enfin, de l'asservissement des femmes islamiques qui n'est rien d'autre qu'un «cliché». Conclusion: vilipendé, caricaturé, l'islam doit être protégé par tous les moyens, et ceux qui médisent de lui, traînés devant les tribunaux. »

Jean Christophe Moreau dans « islamophobie contre-enquête »[60] dénonce l'ambiguïté du CCIF, de Gresh et Deltombe

« Mais Gresh s'attache surtout, au détour d'une énième attaque contre Caroline Fourest, à discréditer notre démonstration de la construction tendancieuse des statistiques du Collectif Contre l'Islamophobie en France (CCIF), qui recensent comme "actes islamophobes" -entre autres exemples- des fermetures de

---

[59] http://www.denistouret.net/textes/Bruckner.html

[60] Islamophobie la contre-enquête 2014 de Isabelle Kersimon (Auteur), Jean-christophe Moreau (Auteur)

mosquées clandestines ou des mesures d'expulsion contre des individus impliqués dans des entreprises terroristes!

...Mais quels "aléas" égarent le CCIF lorsqu'il recense comme "acte islamophobe", par exemple, la fermeture en 2004 d'une école coranique clandestine à Grisy-Suines après que quatre de ses membres (dont le directeur) ont agressé des journalistes?

Au-delà du cas du CCIF, nous ne pouvons aujourd'hui faire l'économie d'une véritable réflexion sur la charge affective que l'accusation "d'islamophobie" véhicule dans le débat public. Car elle brouille les repères traditionnels entre ce qui relève de la liberté d'expression et ce qui relève de l'incitation à la haine : en témoignent les accusations réitérées contre Charlie Hebdo depuis "l'affaire des caricatures". Une telle réflexion doit avoir lieu parce que nous avons besoin de rationalité pour lutter contre tous les amalgames. D'abord pour rompre le cercle vicieux de l'appel à la "désolidarisation" des musulmans face aux violences commises au nom de l'islam, qui entretient quoiqu'on en dise une présomption de culpabilité collective. Mais aussi pour rompre avec l'idée qu'il existerait en France une prédisposition particulière à la haine des musulmans.3

La difficulté à étudier l'islam et l'islamisme est grande comme le montre l'enquête sur Lille, les accusations d'islamophobie sont sous-jacentes[61].

« Lors de l'élaboration de notre état de lieux, nous avons contacté un sociologue qui avait déjà étudié des questions liées à l'islam sur le territoire de Lille. Après que nous lui ayons présenté le cadre de l'étude, il a émis des doutes sur la neutralité de notre positionnement et a souhaité que son nom ne figure pas dans notre rapport. Pour lui, ce qu'on appelle 'radicalisation islamiste' diffère selon l'angle d'approche adopté : ainsi, si l'on opte pour l'approche des politiques d'intégration en France ou en Belgique, pays proche de la métropole lilloise, la définition n'en sera pas la même. Cette

---

[61] The Denmark School Jeunes et radicalisation islamiste: parcours, facteurs et acteurs influents 2010

remarque signifie que le débat sur l'islamisme ne découle que du regard porté sur la place de l'islam dans la société européenne. Par conséquent, tout questionnement sur l'islamisme en tant qu'idéologisation de l'islam et son impact sur l'évolution des populations dites musulmanes en France nourrirait nécessairement la stigmatisation de l'islam et des musulmans. Pour ce sociologue, notre démarche qui visait à interroger les vécus et les représentations de jeunes, d'acteurs religieux et politiques et d'intervenants sociaux sur l'islam et l'islamisme, ne pouvait qu'être scientifiquement illégitime et politiquement incorrecte.

Nous avons rencontré la même réaction suspicieuse, mais plus virulente, de la part d'un élu politique. Suite à la présentation de l'enquête, cet élu a fortement désapprouvé qu'une telle étude soit menée à Lille, et nous a précisé, avec insistance, que le phénomène de radicalisation islamiste n'existait pas à Lille et qu'un tel sujet ne pouvait qu'attirer des journalistes en recherche de scandale. Puis, il nous a ordonné de mettre un terme à cette étude nuisible. Nous avons argumenté que l'intérêt d'une telle étude pourrait précisément être de réfléchir au bien-fondé ou non des constats médiatiques, sans arriver à le convaincre tant il était persuadé que ce genre d'étude était de toute façon inacceptable si l'on ne s'intéressait qu'à la religion islamique et qu'elle n'attiserait que les discriminations et le racisme antimusulmans.

Enfin, une militante associative, opposée à tous les partis politiques, a réagi de la même façon. Militante antiraciste, elle réfutait l'intérêt d'une telle étude dans la mesure où, selon elle, il aurait plutôt fallu chercher les causes de la radicalisation islamiste dans les inégalités socioéconomiques qui tirent leur origine de la domination des blancs. »

De telles réactions témoignent de la gravité du problème et de l'incapacité actuelle de la société française à traiter sereinement de l'islam.

La République, c'est le pouvoir blanc

En 2005 un appel dit des « indigènes de la République »[62] a été
signé par Tariq Ramadan et Éric Hazan. Le premier est le
penseur islamiste déjà cité, le second s'est rendu célèbre pour
avoir lancé une pétition contre la police, armée d'occupation de
Villiers le Bel. En dix ans le mouvement des indigènes a
popularisé des thèses francophobes. L'extrait ci-dessous
reprend le thème de la repentance, et les reproches adressés
habituellement aux colonisateurs pour les chasser.

*« Discriminés à l'embauche, au logement, à la santé, à l'école
et aux loisirs, les personnes issues des colonies, anciennes ou
actuelles, et de l'immigration postcoloniale sont les premières
victimes de l'exclusion sociale et de la précarisation.
Indépendamment de leurs origines effectives, les populations
des « quartiers » sont « indigénisées », reléguées aux marges de
la société. Les « banlieues » sont dites « zones de non-droit »
que la République est appelée à « reconquérir ». Contrôles au
faciès, provocations diverses, persécutions de toutes sortes se
multiplient tandis que les brutalités policières, parfois extrêmes,
ne sont que rarement sanctionnées par une justice qui
fonctionne à deux vitesses. Pour exonérer la République, on
accuse nos parents de démission alors que nous savons les
sacrifices, les efforts déployés, les souffrances endurées. Les
mécanismes coloniaux de la gestion de l'islam sont remis à
l'ordre du jour avec la constitution du Conseil français du
Culte Musulman sous l'égide du ministère de l'Intérieur.
Discriminatoire, sexiste, raciste, la loi anti-foulard est une loi
d'exception aux relents coloniaux.... On refuse le droit de vote
à ceux qui ne sont pas « français », en même temps qu'on
conteste « l'enracinement » de ceux qui le sont. Le droit du sol
est remis en cause. Sans droit ni protection, menacées en
permanence d'arrestation et d'expulsion, des dizaines de
milliers de personnes sont privées de papiers. La liberté de
circulation est déniée ; un nombre croissant de Maghrébins et*

---

[62]https://www.facebook.com/Parti-des-Indig%C3%A8nes-de-la-
R%C3%A9publique-11624296841 4933/

d'Africains sont contraints à franchir les frontières illégalement au risque de leurs vies. »

Le mouvement s'en prend aux lois sur le voile et aux féministes blanches et les mouvements pro homo : *« Bilan des courses, de la même façon que le MLF a tu les revendications de Coordination des femmes noires portant sur l'oppression coloniale et s'est focalisé sur les thèmes de la polygamie et des mutilations génitales, des organisations LGBT s'installent aujourd'hui pour des kiss-in devant des mosquées comme s'il pouvait en être de même que devant des églises dans un contexte de racialisation de l'islam et de montée l'islamophobie »*

Le magazine Marianne accuse de racisme Houria Bouteldja. Chez Dominique Taddei cette dernière avait utilisé (à l'oral) l'expression de « sous chiens « ou de « souchiens » pour parler des blancs. L'homophonie fit polémique. Pour le mouvement la République c'est le pouvoir blanc [2]: « C'est le reste de la société qu'il faut éduquer, [...] c'est le reste de la société occidentale, enfin de ce qu'on appelle, nous, les souchiens — parce qu'il faut bien leur donner un nom —, les Blancs, à qui il faut inculquer l'histoire de l'esclavage, de la colonisation ».

Après les attentats de novembre un collectif appelle à une grande réunion publique à Saint Denis « Contre les dérives racistes et islamophobes de l'état d'urgence, la politique guerrière de la France, le tout sécuritaire et l'état d'exception liberticide ». Tariq Ramadan se trouve en tête d'affiche…

Un mécanisme fonctionne parfaitement pour légitimer la francophobie et transformer en déviants les Français. Par lâcheté et sans doute pour ne pas être accusés de racisme et d'islamophobie, les politiques se taisent ou pire, donnent des gages …

Chapitre 6

La laïcité, une réponse insuffisante et ambiguë

Deux approches inconciliables se font face , d'une part celle de certains musulmans considérant que toute critique sur leur foi venant de la part de non croyants est inacceptable et de l'autre celle des tenants de la laïcité entendant tout passer au crible de la raison au nom de la laïcité, de la République et de la philosophie des lumières.

La France a choisi d'affirmer très clairement son attachement à la laïcité quitte parfois à transformer des principes simples en véritable religion. En même temps la pratique politique a consisté à reconnaitre et négocier avec les représentants officiels d'une « communauté » représentative des musulmans.

 Le rôle des milieux proches des Frères Musulmans est indéniable au sein de cet islam officiel. La République ne devrait-elle pas clarifier ses relations avec les frères à moins de se faire piéger.

La laïcité, c'est de l'islamophobie

Nous avons vu que pour le CCIF (collectif contre l'islamophobie en France) et pour les Indigènes la laïcité est synonymes d'islamophobie. Leur message, simple, fait beaucoup de dégâts dans les banlieues. Comment répondre ?

Tout serait simple si l'on s'en tenait à la définition stricte de la laïcité[63]:

---

[63] http://www.gouvernement.fr/qu-est-ce-que-la-laicite

« La laïcité repose sur trois principes : la liberté de conscience et la liberté de culte, la séparation des institutions publiques et des organisations religieuses et l'égalité de tous devant la loi. La laïcité garantit aux croyants et aux non-croyants le même droit à la liberté d'expression de leurs convictions. Elle assure aussi bien le droit de changer de religion que le droit d'adhérer à une religion. Elle garantit le libre exercice des cultes et la liberté de religion, mais aussi la liberté vis-à-vis de la religion: personne ne peut être contraint par le droit au respect de dogmes ou prescriptions religieuses. La laïcité suppose la séparation de l'Etat et des organisations religieuses. L'ordre politique est fondé sur la seule souveraineté du peuple des citoyens, et l'Etat qui ne reconnaît et ne salarie aucun culte ne se mêle pas du fonctionnement des organisations religieuses. La République laïque assure ainsi l'égalité des citoyens face au service public, quelles que soient leurs convictions ou croyances. La laïcité n'est pas une opinion parmi d'autres mais la liberté d'en avoir une. Elle n'est pas une conviction mais le principe qui les autorise toutes, sous réserve du respect de l'ordre public. »

L'Etat a-t-il à se mêler de religion, de théologie et lui appartient-il de définir ce qu'est le bon ou le mauvais islam ? Pourquoi avoir un ministre des cultes ? Pourquoi créer un CFCM (Conseil Français du culte musulman)? Pourquoi prétendre à faire émerger un « islam de France » ?

La législation sur le voile doit-elle passer par une interdiction de signes religieux trop ostentatoires ?

La république n'a pas à définir les signes religieux à ses yeux ostentatoires car ils ne le seront pas pour d'autres. L'angle d'approche est religieux et la politique se veut laïque…

Il suffit de considérer que le port du voile intégral est une atteinte à l'ordre public au même titre que le fait de se promener nu. Pas de religion pour la République, moins encore de théologie tout simplement une mission de police sans jamais entrer dans les considérations religieuses.

Tout le problème est de savoir où s'arrêtent les valeurs non négociables et où commencent l'intolérance et le racisme. A mes yeux tout ce qui relève de l'ordre public et des droits de l'homme n'est pas négociable. Mais tout ce qui relève de la pratique privée de sa religion ou des traditions de vie ne regarde pas la République[64].

Un remarquable travail a été effectué par le rapport du HCI au premier ministre en 2009[65]

« Le respect découle donc nécessairement de la compréhension et non pas de la connaissance seule. Mais, on constate également que comprendre une valeur n'induit pas automatiquement le respect qui relève d'une volonté proche de l'adhésion. Ainsi combien de citoyens français ne respectent pas certaines valeurs fondant la République ou méprisent ses symboles bien qu'ils en comprennent le sens ?

Il est toutefois évident qu'un pays hôte est en droit d'exiger de ceux qui sont invités à séjourner durablement sur son sol, à y travailler, à y fonder une famille, de respecter les valeurs fondamentales qui la structurent et constituent son patrimoine politique national. Il s'agit toutefois de garder à l'esprit qu'il est demandé explicitement aux migrants des engagements de nature philosophique qui ne sont exigés que de manière implicite aux citoyens français de naissance.

C'est pourquoi il est important de distinguer respect et adhésion, le premier étant obligatoire pour s'intégrer et vivre dans la société d'accueil, la seconde résultant d'une longue imprégnation avec les codes de cette société. »

L'éducation est nécessaire et il ne devrait pas y avoir de zones interdites pour les professeurs. A défaut d'adhésion le respect des valeurs par tous est nécessaire.

---

[64]http://www.ladocumentationfrancaise.fr/var/storage/rapports-publics/094000180.pdf

[65]Malika Sorel Sorel-Sutter « décomposition française » Fayard 2015

Qu'importe la religion ou la couleur de peau de ceux qui habitent la France, la République doit exiger de tous le respect de ses lois, de ses valeurs et de ses symboles.

Pourquoi le rappeur qui nique notre drapeau n'a-t-il pas été sanctionné ? Qui est le plus dangereux, lui ou un imam délirant sur les dangers de la musique pour les petits enfants ?

Que penser du milliardaire Vikash Dhorasoo au lendemain des attentats qui déclare. "Ces symboles-là me conviennent pas, le drapeau, la Marseillaise ça ne me convient pas. C'est encore stigmatiser et dire vous ne connaissez pas la Marseillaise donc vous n'êtes pas français."

Eh bien, M Dhorasoo en refusant le drapeau et les symboles de la République vous refusez aussi d'appartenir à la France et de faire votre notre héritage. Malheureusement vos propos cautionnent la francophobie.

Défendre l'ordre public

Le rapport du HCI définit un principe essentiel de la République, la sécurité et là encore l'angle d'approche n'est pas religieux, la République est dans son rôle pour interdire l'excision.

« Ce droit inscrit, en effet, l'intégrité du corps de la personne comme droit fondamental. La sûreté marque l'appropriation par l'individu de son propre corps ; ce faisant, le corps humain ne peut être traité comme un objet ou une marchandise. Les violences à son encontre sont donc prohibées : l'esclavage, le travail forcé, les trafics d'organes mais aussi les mutilations sexuelles. Ces mutilations, parfois considérées comme une simple coutume ayant trait à des cultures particulières, entrent en contradiction avec le principe de droit à la sûreté en vigueur en France. Les femmes victimes de mutilations sexuelles sont privées de leur sexualité et mises en danger par un acte qui entraîne des complications à long terme, sinon à court terme »

La loi du 11 octobre 2010, parfois appelée loi sur la burqa, interdit de «dissimuler son visage» dans l'espace public, notamment à l'aide d'un masque, d'une cagoule ou d'un voile islamiste intégral. Sont concernés la burqa - qui cache entièrement le corps, y compris les yeux derrière un tissu à mailles - et le niqab - qui couvre le visage pour n'en montrer que les yeux. Ici, ce n'est pas le signe religieux qui est mis en cause par le législateur, mais bien la dissimulation du visage qui en découle.

L'idée est cohérente mais pourquoi alors rendre la loi inapplicable puisque un agent ne peut «en aucun cas» contraindre une personne à se découvrir ou à sortir, sous peine de «poursuites pénales». *«En face d'un refus d'obtempérer, l'agent ou son chef de service doit faire appel aux forces de la police ou de la gendarmerie nationales, qui peuvent seules constater l'infraction».*

Pourquoi en 2014 Najat Vallaud Belkhacem autorise-t-elle les femmes voilées à accompagner les sorties scolaires ?

Ces mesures seraient d'autant plus faciles à prendre que de nombreux pays musulmans les appliquent. Elles ne résoudront pas tout et surtout pas la force des symboles.

Tout n'est pas réglé pour autant car le «hijab» (qui masque la chevelure mais laisse le visage dégagé) ne rentre donc pas dans le champ d'application de cette mesure.

Après les attentats plusieurs actes authentiquement islamophobes ont eu lieu. Les victimes étaient toutes des femmes portant un long voile noir de type hijab. Le visage était découvert, il s'agissait de mères de familles accompagnées d'enfants souvent en bas âge. Elles ont souvent été frappées et traitées de terroristes.

Ces mères de familles ne représentaient aucun danger pour l'ordre public. Les esprits dérangés qui s'en sont pris à elles, avaient quelque part dans leur inconscient la peur du grand remplacement.

Notre société se croit de plus en plus ouverte aux différences mais le hijab crée une incompréhension et même si 85% des jeunes musulmanes ne portent pas quelque voile que ce soit, la minorité visible génère une islamo psychose.

Le hijab peut-il être interdit et au nom de quoi ?

En 1994 le nouveau code pénal a abandonné l'outrage aux bonnes mœurs. Les bonnes mœurs sont des règles imposées par la morale sociale à une époque donnée et dont la violation, peut être éventuellement constitutive d'infractions pénales.

Cet outrage est très difficile à définir pour le juge sauf dans certains cas : *Le fait soit de fabriquer, de transporter, de diffuser par quelque moyen que ce soit et quel qu'en soit le support un message à caractère violent, incitant au terrorisme, pornographique ou de nature à porter gravement atteinte à la dignité humaine ou à inciter des mineurs à se livrer à des jeux les mettant physiquement en danger, soit de faire commerce d'un tel message, est puni de trois ans d'emprisonnement et de 75 000 euros d'amende lorsque ce message est susceptible d'être vu ou perçu par un mineur.*

Le port du hijab est-il une atteinte à la dignité de la personne humaine ?

 Une jeune musulmane interrogée en juin 2015 par Libération répond : *« Pourquoi n'aurais-je pas le droit de me couvrir, et d'avoir une certaine pudeur ? Une femme voilée, ça choque, mais pas une femme à moitié nue. On me pousse à ne pas le porter, en me disant que je serai libre. Mais vouloir m'interdire de le faire, n'est-ce pas une atteinte à ma liberté ? »*

L'histoire du droit a retenu une décision célèbre interdisant la lancer de nains (vivants et consentants) dans des boites de nuit et ce au nom de la dignité humaine. Si la société française considère que le port du hijab constitue une atteinte à la dignité de la femme, qu'elle l'interdise, sinon il faut tourner la page et en aucun cas aborder cette question par le biais de la religion.

 L'Etat peut-il interdire à une entreprise, une école, de définir dans leurs règlements tels ou tels codes vestimentaires ?

Quid du menu halal dans les cantines ? La République est-elle compétente en matière de prescriptions religieuses, non. Doit-elle veiller à l'équilibre des religions ? Là encore le piège est dramatiquement dangereux.

Qu'elle se contente d'assurer la diversité et la qualité des aliments et des menus avec non des menus de substitution mais des possibilités de choix de plats sans viande. Pourquoi s'engager dans le nombre de fêtes religieuses attribuées à chaque communauté ? La République ne s'intéresse qu'au culturel et non pas au cultuel. Dans certaines régions de France les crèches de Noel sont plus importantes qu'ailleurs, c'est culturel. Pourquoi interdire de telles crèches dans les villes où la tradition existe ?

La République a-t-elle à justifier des siècles d'histoire judéo chrétienne ?

Répondre aux musulmans par le biais de l'équilibre des religions est perçu par eux comme de l'hypocrisie car il ne sera pas possible pour de simples raisons d'ordre public de remettre en question notre calendrier, nos pratiques culturelles. La France est héritière d'une histoire et l'apport musulman dans notre culture est bien moins important que dans un pays comme le Maroc. La République n'a pas à se mêler de quelque équilibre communautaire que ce soit.

En l'oubliant la République se prend les pieds dans le tapis, devient injuste et la laïcité est alors perçu comme une autre forme de religion, une sorte de culte de l'Etre Suprême.

Et si notre classe politique avait soufflé sur les braises pour des raisons électoralistes ? A ceux d'entre vous qui pensent immédiatement au Front National et à son père fondateur je répondrai encore une fois ne pas comprendre certains oublis. Pourquoi ne pas avoir rappelé, au cours des trente dernières années, à Jean Marie Le Pen que si ses amis de l'Algérie Française avaient gagné, la France d'aujourd'hui compterait cinquante millions de musulmans.

Que le FN et la droite aient pu souffler sur les braises, je ne le nie pas mais gardons-nous de concevoir une gauche vertueuse.

Curiosité suprême, Terra Nova, le think tank socialiste, la boite à idées de François Hollande, espère qu'une réislamisation communautariste génèrera les mêmes valeurs qu'une citoyenneté démocratique fondée sur la liberté et l'égalité.

Une recomposition identitaire fondée sur la religion projette-t-elle les mêmes perspectives égalitaires qu'envisage la vision démocratique des rapports entre les individus-citoyens (notamment entre les musulmans et les non-musulmans, entre les femmes et les hommes) ? Ou, au contraire, favorise-t-elle des ségrégations discriminantes ?

De notre point de vue la politique de soutien au communautarisme fondé sur le religieux soutient le développement de la radicalisation religieuse. Que cette radicalisation soit islamiste, identitaire chrétienne ou sioniste.

De même j'avoue ne pas comprendre l'intérêt, autre qu'électoraliste de la suppression de la nationalité française pour les binationaux nés en France et condamnés pour terrorisme. Ou l'on bannit tous les terroristes, ce qui peut sembler logique mais la convention de New York l'interdit pour ceux qui n'ont qu'une nationalité, ou l'on ne touche pas à la nationalité.

La vraie question n'est-elle pas celle de la gestion des terroristes, de ce que l'on fait des fichés S, de ceux qui sont condamnés, de ceux qui demeurent dangereux après avoir accompli leur peine.
La réponse ne me semble pas évidente mais une chose est sure, nous aurons du mal à exporter nos terroristes déchus vers le pays de leur autre nationalité .Une autre convention nous interdit d'ailleurs de le faire vers des pays qui pratiquent la peine de mort .
Et si plus sérieusement l'Etat évitait de tomber dans le piège communautariste ?

Le piège de la négociation

A partir du moment où des Français se sentent membres d'une communauté avant de se penser français, ils chercheront à arracher des droits particuliers pour cette communauté. Dans leur tête, ce sera la République qu'ils percevront comme déviante, ce sera à elle de se conformer à ce qu'ils jugent supérieur.

Puisque la République se mêle de religion alors négocions avec elle, y compris ses lois, négocions également des moyens. Nous pourrons alors transformer la République et la rendre compatible avec ce que nous croyons.

Le cas de Lille est une excellente illustration de la construction d'une communauté musulmane avec une logique socioéducative doublée d'une volonté de négocier sa place, le tout avec le soutien des élus locaux.

L'imam Lasfar précise encore une fois sa conception de l'islam de France :

« Dans l'islam, la notion de citoyenneté n'existe pas, mais celle de communauté est très importante, car reconnaître une communauté, c'est reconnaître les lois qui la régissent. Nous travaillons à ce que la notion de communauté soit reconnue par la République. Alors, nous pourrons constituer une communauté islamique, appuyée sur les lois que nous avons en commun avec la République, et ensuite appliquer nos propres lois à notre communauté. »

Lasfar dévoile ainsi clairement son ambition de faire reconnaître la légitimité de l'islam dans la gestion de la cité et donc de faire entrer le religieux dans le champ du politique par une intégration communautariste. Cette visée s'appuie sur le développement de la réislamisation au niveau local produite par le travail socioéducatif.

Tout le travail d'islamisation par le haut cher aux Frères musulmans. Il s'agit bel et bien dans cette vision d'une adaptation des lois occidentales par le biais de négociations sur une « jurisprudence des minorités ».

Pourquoi certains élus ont-ils accepté cette logique ? Parce qu'ils y voyaient le moyen de maintenir la paix sociale et une harmonie dans une France multiculturelle.

Le communautarisme se construit dans le combat pour négocier la place de la minorité.

Le projet de Grande Mosquée et la naissance d'un « lobby musulman » sont bien étudiés à Clichy dans « banlieues de la République »[66] .

« En effet, certaines familles refusent la cantine, considérée comme n'offrant pas de nourriture halal. D'autres trouvent des accommodements raisonnables entre foi et vie sociale, à l'instar de Salima, lycéenne de seize ans d'origine marocaine : « Je suis dans un lycée public. Il faut demander si le repas est sans ou avec porc. Il faut être actif.» L'enjeu que représente la fréquentation de la demi-pension pour l'intégration culturelle et sociale, ainsi que pour l'adhésion des enfants et des familles au projet global de l'éducation est important.

L'un des débats les plus passionnés concernant la mise à distance culturelle de l'école et la relativité des valeurs qu'elle porte a tourné autour du port du hijab par des jeunes filles musulmanes, depuis la première « affaire du voile » de l'automne 1989 au collège Gabriel Havez de Creil, dans l'Oise. Nourrie d'avis contradictoires du Conseil d'Etat, de prises de positions politiques multiples, la polémique a abouti à la nomination d'une commission de réflexion « sur l'application du principe de laïcité dans la République » par Jacques Chirac, alors Président de la République, au printemps 2003, dite « commission Stasi » − qui a formulé un certain nombre de recommandations. Seule celle qui concernait la prohibition des signes religieux ostentatoires dans l'espace scolaire a eu force de loi. Nombre d'enquêtés musulmans comme Hassan, d'origine marocaine ont le sentiment qu'elle ne vise que les

[66] Gilles Kepel banlieues de la République institut Montaigne 2011

musulmans : « Officiellement, elle était pour tout le monde. Mais, on sait très bien qui c'est qu'elle vise. J'ai travaillé dans le milieu scolaire. Je voyais même des profs avec des Croix, c'est pas pour autant qu'on leur interdisait d'entrer. »

En oubliant que seul ce qui peut constituer une menace pour l'ordre public est de sa compétence la République a donc pris le risque d'être incomprise ou pire de devenir l'objet de marchandages.

Une logique d'interaction s'est mise en place : les politiques ont créé le problème musulman en faisant naitre une « communauté » et les membres de cette dernière se sont renforcés avec des pratiques de lobby pour négocier cette fameuse jurisprudence des minorités contraire aux pratiques de la République une et indivisible.

 En se mêlant de religion, en voulant rééquilibrer la visibilité des religions, en inventant un « islam de France » laïco-compatible, les politiques se sont pris les pieds dans le tapis.

Les réponses ne sont pas évidentes, Mohamed Sifaoui appelle à un minimum de cohérence : *« Dans la spécificité de la lutte antiterroriste, l'attitude qui tolère le prêcheur haineux, l'imam autoproclamé ou l'endoctrineur clandestin est totalement absurde. Certes, les choses ont évolué dans certains pays, mais il convient d'apprendre la subtilité de la mouvance islamiste dans son ensemble. Il appartient donc aux législateurs de mettre sur pied l'arsenal juridique qui puisse permettre à la justice de sanctionner aussi bien le terroriste que celui qui légitime son action. Mais il convient aussi de tordre le cou à toutes ces idées reçues qui laissent penser, par exemple, que le salafisme wahhabite (saoudien) serait dangereux et pas les associations et personnalités proches de la pensée des Frères musulmans. On oublie que ces derniers ont, depuis leur création en 1928, fait en sorte de rendre les gens perméable à la violence même si, dans plusieurs situations, ils n'incitent pas à la violence de manière directe et assumée. Leur devise résume clairement à la fois leur idéologie et leur programme : « Dieu est notre but, le Prophète notre chef, le Coran notre constitution, le djihad notre voie, le martyr notre plus grande espérance ». On ne peut être plus clair.*

En France, nous ne pouvons pas faire l'économie d'un débat sur la place de l'UOIF en tant qu'acteur institutionnel désigné par les pouvoirs publics, ceci au moment où les Émirats Arabes Unis viennent d'inscrire cette même organisation parmi les "groupes terroristes". L'UOIF, porteur du message des Frères musulmans, ne peut être toléré comme une simple association cultuelle. Il s'agit d'un groupement politique qui cherche à influer sur les décisions gouvernementales, à peser dans le champ public et à ré-islamiser ou à islamiser, notamment dans les quartiers populaires. Voilà un chantier qu'il sera nécessaire d'ouvrir. »

Que l'on soit d'accord ou non avec Mohamed Sifaoui, la laïcité sans recul critique ne sera qu'une incantation pour réduire la fracture française[67].

---

[67]http://www.huffingtonpost.fr/mohamed-sifaoui/que-faire-face-au-terrorisme_b_6197454.html

CHAPITRE 7

Des Gaulois pas très fréquentables

L'année 2015 sera peut-être pour les historiens une année tournant. Pour la société française et pour ses dirigeants le réveil semble rude.

Dans son inconscient une partie de la France a peur de se réveiller musulmane, c'est ce que nous appellerons le syndrome de Charles Martel. Cette France-là ne se sent plus tout à fait chez elle et elle se dit « stigmatisée par les élites ». Alors elle se tourne vers ceux qui disent la comprendre, elle adore Zemmour et puisqu'on lui dit que c'est très mal de le faire, elle vote pour Marine Le Pen.

Zemmour super star

Ils sont peu nombreux mais de plus en plus présents sur internet à se revendiquer du mouvement identitaire. Le bloc identitaire créé en 2003 entend chasser les immigrés et défendre les Français de souche, il reprend à son compte la thèse dite du « grand remplacement ». Un conseil représentatif des institutions blanches se veut l'équivalent du CRAN, représentant du communautarisme noir. Un membre du courant identitaire Maxime Brunerie fut, au début des années 2000, à l'origine d'une tentative d'attentat contre Jacques Chirac

Une thèse particulièrement répandue dans les milieux identitaires celle du grand remplacement. A l'origine, Renaud Camus[68] : « *Oh, c'est très simple : vous avez un peuple et presque d'un seul coup, en une génération, vous avez à sa place un ou plusieurs autres peuples. C'est la mise en application dans la réalité de ce qui chez Brecht paraissait une*

---

[68]http://www.bloc-identitaire.com/

boutade, changer de peuple. Le Grand Remplacement, le changement de peuple, que rend seule possible la Grande Déculturation, est le phénomène le plus considérable de l'histoire de France depuis des siècles, et probablement depuis toujours. »

« Toutes les populations sont inassimilables. Il en va de l'acculturation et de l'assimilation comme de l'éducation : elles ne peuvent pas faire l'économie de l'individu. Ce sont des hommes et des femmes et des enfants qui peuvent être assimilés au sein d'un peuple, pas des peuples, surtout quand ces peuples ont une forte réalité, une culture, une civilisation, une langue, une religion, une puissance en dehors de la nation censée les assimiler. Pourquoi se renonceraient-ils ? Deux éléments créent des Français et peuvent en créer encore : l'héritage (la naissance, l'ethnie, la race, les ancêtres, l'appartenance héréditaire) et le désir (la volonté, l'élection particulière, l'amour d'une culture, d'une civilisation, d'une langue, d'une littérature, des mœurs, des paysages). »

Renaud Camus serait membre du SIEL un parti satellite du Front National. Proche de PEGIDA, on le présente souvent comme l'inventeur des « apéro saucissons ». Marion Marechal le Pen affiche une complicité avec ce courant, Marine, elle, a pris ses distances.

Renaud Camus a été poursuivi par le Mrap pour ses propos lors des assises de l'islamisation en 2010[69].

Les propos de Renaud Camus sont médiatisés par Eric Zemmour et souvent repris par le site Riposte laïque. Ils renvoient au concept de « Français de souche ». Un sondage vient de confirmer que 81% des Français n'étaient pas choqués par cette expression.

---

[69]http://www.lexpress.fr/actualite/societe/justice/renaud-camus-poursuivi-pour-incitation-a-la-haine-raciale_1494216.html
http://www.lemonde.fr/societe/article/2014/04/10/l-ecrivain-renaud-camus-condamne-pour-provocation-a-la-haine-contre-les-musulmans_4399551_3224.html#Z9Z8bwhUDAQgqQOj.99

Les démographes de l'INED ont utilisé ce concept ; Michèle Tribalat, définit le Français de souche comme une personne née en France, de deux parents eux-mêmes nés en France. L'administration n'a utilisé ce terme qu'en Algérie pour distinguer les Pieds Noirs des musulmans.

Les Français de souche ne se distinguent pas des autres par une origine biologique commune mais par la culture. Chaque fois qu'il y a ethnicisation le fondement du groupe n'est pas biologique mais culturel, sociologique. Les Gaulois ne descendent pas de Vercingétorix, ils se définissent par leur mode de vie en opposition avec l'autre communauté, les « musulmans ». Un groupe se constitue également par réaction aux agressions dont ils se sentent victimes et il faut faire confiance à la justice pour prendre des décisions assez difficiles à comprendre.

Ainsi le rappeur Saidou a été relaxé car la justice ne considère pas que le terme de Français de souche recouvre une réalité légale, historique, biologique ou sociologique», que «la *blancheur* ou la *race blanche*» soit «en aucune manière une composante juridique de la qualité des Français» ce qui est la réalité et que «les Français blancs dits de souche ne constituent pas un *groupe de personnes*» au sens de la loi de 1881 sur la liberté de la presse, qui régit principalement la liberté d'expression. La justice a raison de ne pas retenir la définition raciale ou biologique du « français de souche ».   Peut-on accepter que cette même justice ne reconnaisse pas la stigmatisation d'un groupe culturel correspondant à la Nation française ?

La chanson *Nique la France* est donc licite même si certaines paroles ne sont pas tendres:

«Ce que j'en pense, de leur identité nationale, de leur Marianne, de leur drapeau et de leur hymne à deux balles. Je vais pas te faire un dessin, ça risque d'être indécent, de voir comment je me torche avec leur symbole écœurant»,

«Nique la France et son passé colonialiste, ses auteurs, ses relents et ses réflexes paternalistes, Nique la France et son histoire impérialiste, ses murs, ses remparts et ses délires capitalistes»,

«Petit Gaulois de souche, arrête ton arrogance, arrête d'ouvrir ta bouche».

La force du mouvement identitaire se nourrit d'une victimisation. La justice en ne condamnant pas Saidou a justifié la thèse selon laquelle le racisme anti Français est autorisé.

De même il sera facile de rappeler que Renaud Camus a lui été condamné. La 17ᵉ chambre du tribunal correctionnel de Paris a estimé que les propos litigieux de M. Camus « *constituent une très violente stigmatisation des musulmans, présentés comme des "voyous", des "soldats", "le bras armé de la conquête"* », ou encore des « *"colonisateurs" cherchant à rendre "la vie impossible aux indigènes", à les forcer "à fuir", "à évacuer le terrain"* », « *"ou bien, pis encore, à se soumettre sur place"* ». En décembre 2016 Eric Zemmour a été condamné à 3 000 euros d'amende pour provocation à la haine envers les musulmans, pour des propos au journal italien *Corriere della sera* en octobre 2014.

Il y déclarait notamment que les musulmans « *ont leur code civil, c'est le Coran* », qu'ils « *vivent entre eux, dans les banlieues. Les Français ont été obligés de s'en aller* ». Le parquet avait requis 10 000 euros d'amende.

« *Je pense que nous nous dirigeons vers le chaos. Cette situation de peuple dans le peuple, des musulmans dans le peuple français, nous conduira au chaos et à la guerre civile* », ajoutait-il. « *Des millions de personnes vivent ici, en France, mais ne veulent pas vivre à la française.* » Il faisait alors la promotion de son livre *Le Suicide français*[70].

Le succès des thèses de Zemmour, son livre se serait vendu à plus de 400 000 exemplaires a été à l'origine de plusieurs

---

[70] http://www.lemonde.fr/actualite-medias/article/2015/12/17/eric-zemmour-condamne-a-3-000-euros-d-amende-pour-provocation-a-la-haine-envers-les-musulmans_4834063_3236.html#jCOs3Ib0TLO2R0e2.99

débats. Les historiens lui reprochent son indulgence à l'égard de Vichy à propos de la shoah mais la polémique porte également sur les statistiques évoquées.

La démographie et l'éternel combat Tribalat-le Bras sont revenus sur le devant de la scène. Le grand remplacement se vérifie-t-il ? Le terme de Français de souche est-il un mythe ?

Les deux questions sont liées. Si la France est un mythe, l'identité française devient un simple instrument d'exclusion. Les flux sont-ils à l'origine d'un grand métissage ou le mouvement reste il limité.

Pour Didier Raoult, les français de souche n'existent pas :

« Concernant la génétique, les choses sont beaucoup plus complexes. Ainsi comment différencier la part de la population française vivant en Europe qui est issue des vagues d'envahisseurs celtes, germains, romains, huns, arabes (lors des grandes invasions du Moyen Âge,) Normands ou de tous les peuples méditerranéens dans le sud de la France, et la part née des migrations économiques des autres pays d'Europe, d'Afrique et d'Asie ? Il existe seulement quelques îlots ayant conservé une certaine homogénéité génétique, dont les Basques qui ne sont regroupés dans aucune nation unique.

La réalité est qu'il n'y a aucune superposition entre le territoire français et son origine génétique. D'ailleurs, les récentes études génétiques ont montré qu'on trouvait en France un mélange des trois grands groupes d'hominiens archaïques que nous connaissons actuellement : Neandertal, Cro-Magnon et l'homme de Dénisova, originaire de Sibérie, dont les gènes nous ont peut-être été apportés par les Huns. Dans tous les cas le métissage est généralisé.

Ainsi le "droit du sang" n'est pas génétiquement fondé. D'autant que l'on estime que 5 à 10 % des enfants ne sont pas du père officiel, mais d'un inconnu, dont on ne connaît pas les gènes ! La définition retenue en France et aux États-Unis du "droit du sol" dépend du périmètre du pays au moment où l'enfant naît ou de la nationalité des parents. Je redoute que le terme "Français de souche" ne serve qu'à exclure ceux que l'on ne veut pas comme Français..»

Remi Noyon du Monde mène une enquête plus précise

« Le ciel est sombre, les bâtiments sales et le personnage masqué. Cette semaine, le magazine Valeurs actuelles publie une « enquête choc » sur les « cités où les Français de souche subissent la loi des caïds ».L'expression « Français de souche » est utilisée sans guillemets. Cela fait longtemps que l'hebdo de la droite dure a laissé tomber les précautions typographiques. Le terme revient régulièrement dans ses articles, parfois accompagné du mot « gaulois ». Par ailleurs, des auteurs comme Alain Finkielkraut ou Denis Tillinac sont régulièrement critiqués pour l'usage de l'expression.

Mais, à force de répétitions, la formule est presque passée dans le langage courant. Dans les débats de l'Assemblée nationale, on la retrouve de temps en temps et elle ne vient pas nécessairement des bancs les plus à droite. L'impression de la nouveauté, alimentée par l'existence du site Fdesouche et la montée d'un discours identitaire, cache d'ailleurs une généalogie plutôt ancienne.

L'enquête de Valeurs actuelles rebondit sur une figure appréciée de l'extrême droite : celle du blanc abandonné au sein des « quartiers ». C'est l'écrivain Dominique Venner, très à droite, qui la développe dans son livre « Un samouraï d'Occident » en tordant un reportage du Monde.

A en croire le démographe Hervé Le Bras, le terme est utilisé dès le début du XIXe siècle, mais a changé de sens au fil du temps. La métaphore emprunte au thème barrésien de la « terre et des morts ».C'est dans les années 90 que le terme gagne en charge polémique. Un violent débat de spécialistes agite alors le petit milieu des démographes. A l'origine de la controverse, une étude de Michèle Tribalat, publiée par l'Institut national d'études démographiques (Ined). Le livre, dense et technique, tente de mesurer l'apport de l'immigration dans la société française. Une fois cela déterminé, il apparaît un résidu : les fameux Français « de souche ».

La méthode irrite Hervé Le Bras, qui va lui répondre dans un article intitulé« Les Français de souche existent-ils ? » et dans un livre, « Le Démon des origines » (Ed. de l'Aube, 1998). Le démographe estime que sa collègue a donné une caution pseudo-scientifique à une notion manipulée par l'extrême droite. Il reproche à la démographe de céder à la « fatalité biologique » :

« L'opération ethnicise le nationalisme puisqu'elle assimile la nation française à la présence d'un groupe ethnique majoritaire flanqué de plus petits groupes dont l'assimilation est en cours. »

Lui souligne ce qu'il pense être des aberrations méthodologiques, dont la date butoir de l'étude (1900) qui effacerait les phénomènes migratoires antérieurs que la France a pourtant connus. Il s'agace également d'une seconde définition apportée par Michèle Tribalat, pour qui les « Français de souche » sont les personnes « nées en France de deux parents nés en France ». Or, Giscard d'Estaing est né à Coblence, en Allemagne...

Interrogé sur le sens de l'expression, l'historien Patrick Weil la critiquait en 2011 :

« Elle n'a aucun fondement. Les souches sont immobiles, tandis que les êtres humains bougent et évoluent. La France a été une terre d'invasion puis de migrations, et les nouveaux venus ont toujours fini par s'intégrer. »

Ce que formule autrement Hervé Le Bras :

« Il est sûr que l'Eden n'étant situé en France par aucune tradition, nous descendons tous d'immigrants à un certain horizon temporel. »

Pourtant les 81% des Français qui ne sont pas choqués par cette expression ne sont ni identitaires, ni incultes ni d'extrême droite.

Le rappeur de « nique la France » comprenait lui aussi l'expression… Elle renvoie à ceux que l'on appelle aussi les « Gaulois » dans les banlieues. Sont concernés les Français nés en France, dont les parents sont français ou d'origine européenne. Le concept ne renvoie pas à l'ancienneté de la citoyenneté. Un français de DOM TOM ne sera pas vu comme Français de souche ou gaulois, un britannique… si.

Là encore il nous faudra parler de racialisation ou d'ethnicisation, de racisme sans race et de naissance d'une communauté à partir d'interaction

Il ne saurait être question de nier la réalité du brassage des populations. Peut-être un quart des citoyens français ont un de leurs quatre grands parents d'origine étrangère[71].

Mais il ne serait pas juste de balayer le travail considérable de Jacques Dupâquier[72] et en particulier l'étude dans le temps du devenir de plus de 3000 familles.

Quel impact auront eu, au total, les invasions barbares en Gaule ? L'effet démographique a été surtout de destruction et non pas de peuplement, à trois exceptions près.

La première de ces exceptions est celle des Francs eux-mêmes, car le territoire qu'ils avaient occupé en deux siècles sur la rive gauche du Rhin avait été préalablement complètement dévasté. La seconde implantation sérieuse a été celle des Alamans qui ont occupé l'Alsace et l'ont germanisée, probablement aussi parce que le territoire avait été préalablement dévasté. Le troisième élément, très important, a été celui des Bretons,

[71]http://www.lepoint.fr/invites-du-point/didier_raoult/le-francais-de-souche-n-existe-pas-23-08-2012-1498404_445.php
http://rue89.nouvelobs.com/blog/les-mots-demons/2014/08/21/francais-de-souche-genealogie-dune-notion-manipulee-par-lextreme-droite-233359

[72]HISTOIRE DE LA POPULATION FRANCAISE. 1989 de Jacques Dupâquier puf
http://www.ladocumentationfrancaise.fr/var/storage/rapports-publics/094000180.pdf

réfugiés en Armorique lors de l'occupation de la Grande-Bretagne par les Anglo-Saxons, et qui se sont mêlés au vieux fond ethnique des Bretons de Bretagne, qui n'avaient jamais été complètement romanisés.

Les apports extérieurs, entre 650 et 1950, ont été faibles.

L'apport des Arabes ? Néant : on a essayé de prouver le contraire, mais en vain.

L'apport des Normands ? Extrêmement faible, la plupart d'entre eux étant venus sans femmes.

Au total combien d'étrangers a pu compter la France d'Ancien Régime ? C'est difficile à dire mais, d'après les estimations de Jean-Pierre Poussou, jamais plus de 70 000 ou 80 000 à la fois.

Cette population très sédentaire était animée d'une mobilité à court rayon : les jeunes gens allaient se marier dans les villes ou les villages voisins, car il n'était pas toujours possible de trouver un conjoint sur place, l'Église interdisant les mariages consanguins, sauf dispense. Ce phénomène a engendré non une véritable mobilité, non de véritables migrations, non des échanges de population d'une province à l'autre mais dans un rayon d'une dizaine de kilomètres.

Pour le XIXe siècle, l'importance du rôle des étrangers dans la formation de la population française est difficile à préciser. Il est vrai que parallèlement au début de la dénatalité française, il y a eu un apport étranger. Mais celui-ci a surtout été un apport de voisinage : des Belges dans le Nord, des Italiens dans le Sud-Est. En 1851 on comptera ainsi environ 380 000 étrangers en France. L'immigration massive est donc bel et bien un phénomène contemporain.

Il existait bel et bien une souche « française » vers 1914 mais notre pays a connu ensuite une véritable métamorphose, l'ouverture au monde, le brassage démographique et la mise en place d'un véritable modèle constituent des réalités mais moins anciennes qu'on ne le dit. Ajoutons deux ruptures majeures le passage à une immigration de type regroupement familial qui sédentarise les migrants et le changement quant à l'origine culturelle de ces migrants.

Le grand remplacement serait-il une réalité ? L'affirmer c'est opter pour une logique complotiste, personne n'organise ces flux. Les chiffres sont plus modestes que ceux annoncés ; nous l'avons vu. Mais il y a une réalité géopolitique, un monde vieux et encore riche côtoie un monde jeune, pauvre et déstabilisé… Alors personne ne peut empêcher les vases communicants.

Le débat sur les « Français de souche » est totalement piégé à partir du moment où l'on opte pour une définition biologique. Nous refusons ce piège, le « Français de souche » est tout simplement le Français assimilé car la France est métissée mais pas multiculturelle. Alors l'essentiel portera sur les conditions de cette assimilation.

Laisser faire dans la logique Merkel c'est se préparer à des vagues de misérables que l'on est incapable d'accueillir. L'immigration peut être une chance mais pour ce faire les conditions sont précises. Il faut de la croissance, des pays d'accueil capable d'intégrer.

Il n'y a pas de grand remplacement, il y a une grande déstabilisation car personne ne dit que l'on ne nait pas Français de souche, on le devient. C'est le devenir Français qui est en crise.

Devenir Français n'est pas automatique ce n'est une question de sang ni de sol, c'est une volonté en action, celle de participer à un projet commun, de partager des valeurs.

Etrange paradoxe, ceux qui militent pour une France multiculturelle refuse la possibilité que puisse exister une communauté « gauloise ». Ils en arrivent à justifier le communautarisme anti français car seule la société française serait raciste.

Le racisme autorisé dans les banlieues n'est pas en fait dirigé contre les « Gaulois » mais contre tous ceux qui ne partagent pas les sous valeurs du communautarisme ambiant. L'enquête « banlieues de la République » en montre la réalité « Nous avons entendu aussi la parole de ceux qui ont subi les émeutes : les groupes minoritaires, turcs, pakistanais, chrétiens d'Orient, dont certains individus étaient terrifiés par la violence des jeunes d'origine maghrébine ou africaine qui ravivait la mémoire d'autres conflits ethniques locaux liés à la prédation, ou à des pogroms au pays, cherchant à éviter l'incendie de leur voiture en accrochant un Coran au rétroviseur ou en étalant un tapis de prière sur la plage arrière ».

Ceux qui dénoncent le communautarisme musulman et les menaces contre la Nation ne peuvent être compris des Français qu'en se débarrassant de toute trace de racisme. Certaines déclarations révoltent tous ceux qui partagent notre projet républicain mais qui n'ont pas quatre grands parents nés en France. Sont-ils moins Français pour autant ? Non

Dans un contexte de crise les Français s'interrogent sur leur identité, ils ne cherchent pas une race biologique mais une mémoire commune, des racines qui les confortent, ils veulent partager le grand roman national. Ce roman est multicolore mais pas multiculturel. Là encore l'angle d'approche religieux est-il le bon ? Faut-il ressusciter les croisades et les guerres saintes ? Pourquoi partir des origines ethniques ?

Partageons nous les mêmes valeurs et si non quelles sont les valeurs du pacte républicain ?

La grande transformation

La France et avec elles l'Europe sont confrontées à une grande transformation. Telle est la thèse d'un ouvrage à succès qui conforte ceux qui ont peur des vagues migratoires. Christopher Caldwell a publié « Une révolution sous nos yeux. Comment l'islam va transformer la France et l'Europe ». La préface de cette édition est signée de la démographe Michèle Tribalat

Journaliste, spécialiste des affaires politiques du Vieux Continent, Christopher Caldwell est éditorialiste au Financial Times et rédacteur au Weekly Standard et au New York Times Magazine.

« La grande vague migratoire, au cours des dernières décennies, est surgie du Mexique, d'Amérique centrale ou d'Amérique du Sud. Ces migrants étaient porteurs de la culture catholique latino-américaine. Or cette culture n'est pas étrangère aux Etats-Unis, pays qui compte depuis l'origine une forte minorité catholique. Les gens qui viennent d'Amérique du Sud sont très pauvres, mais leurs références et leurs façons de vivre sont à peu près similaires à celles des Siciliens, dont descendent la grande majorité des citoyens italo-américains. C'est une culture fondée sur la solidarité familiale, avec des taux de divorce beaucoup plus bas que les nôtres, sur une grande piété et sur des valeurs morales affirmées. Pour la société américaine, une telle population n'est pas un problème : c'est au contraire un atout. Avec nos immigrés, nous n'avons donc pas un problème culturel comme vous.

Le débat européen sur l'immigration tourne autour de la distinction entre l'assimilation et l'intégration. Chez nous, nous avons une bonne tradition d'assimilation. Il y a cependant une chose qui ne s'assimile jamais : c'est la religion. Tout le monde, aux Etats-Unis, a la religion de la mère de la mère de sa mère. On peut avoir une ascendance irlandaise lointaine, mais on reste un catholique irlandais. Ce n'est pas une difficulté dans un pays qui possède tous les éléments pour faire vivre ensemble les protestants, les catholiques et les juifs. Toutefois, il ne va pas de soi que les religions puissent coexister. Donc cette question de la croyance religieuse est une vraie question en Europe, car l'islam est une culture religieuse qui veut structurer la société. Est-ce compatible avec la tradition européenne ? »

Pour Caldwell la réponse est culturelle mais sommes-nous capables en Europe d'aborder la question

« Chez vous, il est presque illégal d'avoir une réflexion négative sur un phénomène qui, comme tout fait de société, ne devrait pas échapper à l'esprit critique.... L'Europe se retrouve à devoir disputer à l'islam l'allégeance de ses nouveaux arrivants. Quand une culture peu sûre d'elle, malléable et relativiste, rencontre une culture ancrée, confiante et renforcée par des

doctrines communes, c'est généralement la première qui change pour s'adapter à la seconde

Ce que je voulais montrer à la fin de mon livre, c'était qu'une culture religieuse forte et un système contractuel basé sur la tolérance sont difficiles à concilier parce que, dans une telle rencontre, c'est toujours le côté qui ne veut pas négocier qui a l'avantage. Une religion qui ne doute pas de soi et qui prétend structurer toute l'organisation sociale, comme l'islam, n'est pas prête à transiger. »

Quand le peuple vote mal ou ne vote plus

La campagne des élections régionales est hélas révélatrice de la difficile adaptation des politiques aux nouvelles réalités sociologiques de la France. Claude Bartolone et Manuel Valls jouent la carte du communautarisme et de la menace de la guerre civile. La France périphérique, oubliée par les partis de gouvernement, vote majoritairement pour le FN ou ne vote plus.

Le divorce entre les partis de gouvernement et une bonne partie des Français n'est pas surprenant. Bon observateur, Christophe Guilluy analyse les fractures françaises.

Il met tout d'abord d'un côté les métropoles avec leur proche banlieue, qui bénéficieraient de la dynamique économique de la mondialisation. Centres et proches banlieues sont habités par la bourgeoisie intégrée et les classes moyennes supérieures. Il s'agit de l'électorat classique des partis dits de gouvernement (bourgeoisie bohème contre bourgeoisie traditionnelle). Cette France est également europhile, diplômée et d'autant plus favorable à l'immigration que seuls les étrangers les mieux intégrés participent au même type d'habitat (exemple Paris commune et banlieue ouest).

Les employés et les ouvriers sont partis mais peuvent cependant encore vivre à proximité des catégories privilégiées les immigrés récents en particulier dans les banlieues bénéficiant des opportunités des métropoles.

« Les populations d'immigration récente vivant dans les quartiers de banlieues où sont concentrés les logements sociaux –un habitant des zones urbaines sensibles (ZUS) sur 2 est étranger en France, 64% en Ile-de-France. Partout le clivage social recoupe un clivage ethnique.

« La coexistence sur les mêmes territoires de cette population pauvre avec une classe urbaine de cadres aisés allant de pair avec un évitement, qui passe en particulier par le contournement de la carte scolaire »

Les intégrés centraux de la bourgeoisie habitent les mêmes communes, les mêmes départements que les immigrés mais pas les mêmes quartiers (est parisien pour les immigrés). La ségrégation ethnique s'accentue même avec des regroupements communautaristes autour de pratiques religieuses. Coexistent un immobilier très cher et un parc de logement sociaux importants, les catégories moyennes et populaires laborieuses , elles, ont dû partir plus loin des centres (communes rurbanisées des Yvelines et de Seine et Marne).

La France bourgeoise qui réussit et la France des minorités visibles représenteraient à elle deux 40% de la population. Les partis de gouvernement se partagent son électorat. Paris-commune leur appartient à 90%.

La droite traditionnelle est très largement majoritaire chez les retraités, le Parti socialiste et la gauche de gouvernement triomphent dans la France des minorités et dans la communauté musulmane[73]

« Une étude réalisée par l'institut de sondages OpinionWay le jour du deuxième tour révèle une adhésion massive des musulmans au parti socialiste. Elle témoigne d'un rejet du

---

[73]http://www.lavie.fr/actualite/93-des-musulmans-ont-vote-pour-francois-hollande-07-05-2012-27212_3.php

sarkozysme mais pas de toutes les valeurs de la droite, notamment sur les questions sociétales comme l'homosexualité.

Les musulmans réclamaient le changement, et ils l'ont eu. Selon une étude du corps électoral menée par OpinionWay et Fiducial le 6 mai pour Le Figaro sur 10 000 votants, 93% des pratiquants ont glissé un bulletin « François Hollande » dans leur enveloppe. Seuls 7% d'entre eux ont voté pour Nicolas Sarkozy.

Le candidat socialiste est plébiscité depuis le début de la campagne par cette partie de la population, qui représente environ 2 millions d'électeurs selon l'institut de sondages. Déjà au premier tour, la même étude avait montré que 59% d'entre eux avaient voté pour lui. Les deuxième et troisième places revenaient au candidat du Front de Gauche Jean-Luc Mélenchon (23%) et au centriste François Bayrou (7%). Le président sortant, lui, arrivait quatrième, avec seulement 4% des suffrages. »

Il est alors possible de comprendre la campagne menée par Claude Bartolone en décembre 2015. Il ne s'en est pas pris à Valérie Pécresse à la légère.

« C'est Versailles, Neuilly et la race blanche qu'elle défend en creux. »

Habile, il veut faire le plein du côté des électeurs « multiculturels » en reprochant à sa rivale des formules comme « nous ne voulons pas devenir la Seine-Saint-Denis de Bartolone ». Valérie Pécresse reprochant surtout à celui que la droite et une partie de la gauche appellent « Don Barto » ou le « parrain du 9.3 » les difficultés financières du département.

La campagne de Claude Bartolone consiste à présenter deux communautés qui s'affronteraient pour rafler la mise dans les banlieues.

Bruno Roger Petit du Point lui répond :

« La charge de Bartolone est de nature à conduire bien des électeurs de gauche, instruits de l'affaire, à se poser quelques

questions au moment de voter éventuellement pour ses listes en Île-de-France dimanche. Pour quel type de socialiste vont-ils voter ? Pour un héritier de Jaurès, Blum et Mitterrand ? Ou pour un clientéliste électoral prêt à tout et n'importe quoi pour additionner les voix ? D'autant plus que Claude Bartolone peut se voir aussi attaquer sur un autre front. D'un côté, il se pose en adversaire d'une candidate – Valérie Pécresse – présentée comme avocate électorale de « la race blanche » ; et de l'autre il laisse passer sans réagir un appel à meeting lancé par l'une de ses colistières issue du Front de Gauche, Clémentine Autain, en faveur d'un meeting avec Tariq Ramadan en guest star et organisé par des associations ou mouvements communautaristes contestent le principe même de l'existence d'une République laïque aspirant à l'universel. »

Claude Bartolone ne fait qu'appliquer les conseils donnés par Daniel Cohen en 2009 et par Terra Nova pour les élections présidentielles de 2012. Les socialistes doivent se reconstruire un socle électoral nouveau en privilégiant les communautés « visibles ».

Les ouvriers et les employés sont décrits comme conservateurs par le « think tank » de François Hollande, la gauche en fera donc le deuil et avec eux celui de la valeur travail[74] :

« Ce socle historique de la gauche se dérobe aujourd'hui, à partir d'un double mouvement. D'abord, le rétrécissement démographique de la classe ouvrière : après un siècle d'expansion, la population ouvrière se contracte rapidement à partir de la fin des années 1970, pour ne plus représenter que 23% des actifs aujourd'hui – soit pour la gauche une chute de 40% de son socle électoral

Second mouvement : les ouvriers votent de moins en moins à gauche. L'érosion est continue depuis la fin des années 1970 et

---

[74] http://asset.rue89.com/files/110421_Gauche_quelle_majorite_electo rale_pour_2012_-_Ferrand_Jeanbart_Prudent_0.pdf
Atlas des nouvelles fractures sociales en France ; Les classes moyennes face à la mondialisation : la tentation du repli   2006 Christophe Guilluy

prend des allures d'hémorragie électorale ces dernières années. Au premier tour de l'élection présidentielle, le différentiel de vote au profit de la gauche entre les ouvriers et la moyenne de l'électorat passe de +15 points en 1981 à 0 en 2002 : il n'y a plus de spécificité du vote ouvrier. Pire, le candidat Lionel Jospin n'a rassemblé que 13% des suffrages ouvriers : les ouvriers ont moins voté socialiste que l'ensemble des Français (16%). Au second tour de la présidentielle, le vote ouvrier passe de 72% en 1981 à 50% en 2007 : pour la première fois de l'histoire contemporaine, les ouvriers, qui ne votaient déjà plus à gauche au premier tour, ne votent plus à gauche au second

Historiquement, la gauche politique porte les valeurs de la classe ouvrière, tant en termes de valeurs socioéconomiques que culturelles. Elle est la porte-parole de ses revendications sociales et de sa vision de l'économie : pouvoir d'achat, salaire minimum, congés payés, sécurité sociale, nationalisation des grandes entreprises, encadrement des prix... Et l'une comme l'autre restent relativement conservatrices sur le plan des mœurs, qui demeurent des sujets de second plan par rapport aux priorités socioéconomiques.

Ce mouvement sur les questions de société se renforce avec le temps pour s'incarner aujourd'hui dans la tolérance, l'ouverture aux différences, une attitude favorable aux immigrés, à l'islam, à l'homosexualité, la solidarité avec les plus démunis. En parallèle, les ouvriers font le chemin inverse. Le déclin de la classe ouvrière – montée du chômage, précarisation, perte de l'identité collective et de la fierté de classe, difficultés de vie dans certains quartiers – donne lieu à des réactions de repli : contre les immigrés, contre les assistés, contre la perte de valeurs morales et les désordres de la société contemporaine.

Si la coalition historique de la gauche est en déclin, une nouvelle coalition émerge. Sa sociologie est très différente :

Les diplômés. Ils votent plus à gauche que la moyenne nationale (+2 points en 2007). Le vote à gauche est désormais corrélé positivement au niveau de diplôme : plus on est diplômé, plus on vote à gauche ; moins on est diplômé, plus on vote à droite.

Les jeunes. C'est le cœur de l'électorat de gauche aujourd'hui.

Les minorités et les quartiers populaires. La France de la diversité est presque intégralement à gauche. L'auto-positionnement des individus révèle un alignement des Français d'origine immigrée, et plus encore de la deuxième génération, à gauche – de l'ordre de 80-20. On retrouve des scores de cette ampleur dans les bureaux de vote des quartiers populaires, et encore de 62- 38 dans les zones urbaines.

Les femmes. Nous vivons un renversement historique : l'électorat féminin, hier très conservateur, a basculé dans le camp progressiste. »

Une analyse fine des élections montre une autre rupture. La deuxième France dont parle Christophe Guilluy[75]vote massivement pour le Front national.

Cette France appelée périphérique est composé des espaces périurbains plus éloignés et ruraux particulièrement fragilisés dans leur base économique productive et industrielle, des villes moyennes et petites. Cette France est constituée d'ouvriers, d'employés, de paysans, d'artisans, etc. qualifiés de « petits blancs » déclassés, elle comprendrait 61 % de la population.

La France périphérique lâchée par les élites ne comprend pas pourquoi les minorités sont privilégiées par les politiques. *Les inégalités caractérisant ces deux mondes seraient plurielles et porteraient sur les revenus, la formation, les accès à la mobilité, à l'emploi, aux services, et plus généralement à toute forme d'ascension sociale. L'auteur dresse ainsi le portrait sans nuances d'une France à deux vitesses et à deux visages, dotée d'une géographie manichéenne, qui opposerait les « intégrés centraux » aux « exclus périphériques La création de*

---

[75] Fractures françaises Poche 2013 de Christophe Guilluy
La France Peripherique, Comment on a sacrifié les classes populaires – 2014 Guilluy Christophe

richesse se concentre de plus en plus dans le réseau des métropoles les plus dynamiques.

La France périphérique a donc quitté les centres les plus attractifs en matière d'emploi, d'abord pour suivre le mouvement de délocalisation de l'industrie à l'écart des villes, à cause du prix du logement, mais également pour contourner les quartiers populaires rattachés aux grandes métropoles parce qu'elles ont diagnostiqué « l'échec de la cohabitation avec les populations immigrées. » Les territoires de la France périphérique sont ceux où « la contestation de l'Etat-providence est la plus forte et où le sentiment d'abandon "par rapport aux banlieues" le plus aigu ».

Les chercheurs en science politique Fabien Escalona et Mathieu Vieira montrent que les idéopôles, « *métropoles concentrant les activités et les groupes sociaux typiques de l'économie post-industrielle et de la mondialisation* », votent plus pour le PS que la moyenne nationale. *Avoir dans son socle électoral les gagnants de la mondialisation n'est pas la meilleure chose qui soit arrivée aux socialistes français. Car les valeurs de ces populations ne sont pas, ou plus, celles de son hinterland. Comme le notent les auteurs :« Idéopôles et "France périphérique" se situent de part et d'autre d'une ligne de démarcation sociale et culturelle, mettant aux prises deux "communautés de destin" antagonistes, autrement dit deux sortes d'identités collectives fondées sur des intérêts matériels et des orientations idéologiques différents, auxquelles il n'est guère aisé d'apporter une satisfaction identique au sein d'un même récit politique national. »*[76]

C'est à la lumière de cette analyse qu'il nous faut reprendre les déclarations des uns et des autres. La fracture dénoncée il y a 20 ans par Jacques Chirac est aujourd'hui manipulée par les politiques. Les discours moralisateurs ou l'annonce d'une guerre civile ne résolvent rien.

---

[76] http://www.polemia.com/gilles-kepel-le-13-novembre-le-resultat-dune-faillite-des-elites-politiques-francais

Ainsi le peuple vote mal et se sent mal aimé. Serait-il raciste pour autant ? Les abstentionnistes et les électeurs du FN sont loin d'avoir tous leurs quatre grands parents nés en France. Ils ne comprennent tout simplement pas pourquoi la valeur travail a disparu, pourquoi leur sécurité n'est pas assurée, pourquoi on les a entrainés dans une sale guerre. Ils ne comprennent pas pourquoi on leur répond qu'on les a compris avant de continuer comme si de rien n'était….

Il y aurait donc comme un malaise et je laisserai Coluche le résumer avec son sens de la provocation :

« Si je dis : l'Algérie aux algériens tout le monde dit « bravo ! », la Tunisie aux tunisiens, tout le monde dit « bravo ! » la Turquie aux turcs, tout le monde dit « bravo ! », l'Afrique aux africains, tout le monde dit « bravo ! », mais quand je dis la France aux français, tout le monde me traite de raciste… »

Christophe Guilluy, encore lui, a écrit un magnifique chapitre dans lequel il explique comment les classes moyennes prolétarisées sont « devenues » blanches, se sont représentées dans une logique identitaire. Il poursuit :

«La gauche pense que si les gens votent FN, c'est parce qu'ils sont vraiment cons. Quand les experts disent par exemple que ce sont des gens non diplômés, disons les choses clairement: ça veut dire qu'au fond s'ils étaient allés à l'école, avaient réfléchi et qu'ils avaient eu un diplôme, ils voteraient socialiste.

C'est une condescendance que j'ai souvent trouvée en discutant avec le PS. Pourtant au XXIème siècle, qui est le siècle de l'accélération de la mondialisation et de l'émergence des sociétés multiculturelles, on ne peut plus aborder la question sociale sans évoquer la question identitaire.

Chapitre 8

« L'existence d'une nation est un plébiscite de tous les jours, comme l'existence d'un individu est une affirmation perpétuelle de la vie. » Ernest Renan

L'école, ciment de la République

La fracture s'aggrave d'année en année car les politiques refusent d'abandonner leur crédo multi culturaliste. Il serait cependant erroné d'affirmer comme certains que les élites et le peuples ne se comprendraient plus. Le monde intellectuel réagit et reprend à son compte le débat sur l'identité malheureuse.

Leur explication n'est pas économique, le mal vient pour l'essentiel de la démolition de l'école et de la déstructuration culturelle qui l'accompagne. Quel lien avec les attentats ? La radicalisation s'est faite sur internet, vient ensuite l'école. La mosquée et la prison ne seraient que des lieux de radicalisation secondaires.

Mais l'école a toujours été un lieu de culture et la culture demeure à ce jour le seul vaccin existant contre l'extrémisme. L'école ne joue plus ce rôle car d'autres choix ont été faits. La politique éducative s'inscrit une grande continuité depuis quarante ans. La philosophie dominante s'incarne dans les inventeurs des « sciences de l'éducation comme Philippe Meirieu.

Il fut responsable pédagogique d'un collège expérimental de 1976 à 1986, rédacteur en chef des *Cahiers pédagogiques* de 1980 à 1986, formateur d'enseignants et directeur de l'Institut des sciences et pratiques d'éducation et de formation (ISPEF) de l'université Lumière -Lyon 2. Sous Lionel Jospin, il participa à la création des Instituts universitaires de formation des maîtres et à celle du Conseil national des programmes. Il présida, à la demande de Claude Allègre, le Comité d'organisation de la consultation et du colloque : " Quels savoirs enseigner dans les lycées ? ", en 1997-1998, à la suite desquels fut mise en place une réforme Allègre. Il dirigea l'Institut national de recherche pédagogique (INRP) et l'IUFM de l'Académie de Lyon et reprit ses activités de professeur à l'université Lumière-Lyon 2. Il a été directeur de la chaîne de télévision pour l'éducation Cap Canal.

Les réformes échouant , elles sont suivies d'autres réformes menées par les mêmes instigateurs et condamnées à leur tour à l'échec.   .

Les associations de parents d'élèves et les syndicats UNSA et CFDT, avec les ministres successifs à l'exception de Chevènement et de Bayrou, ont partagé l'idée du « droit à la réussite pour tous » qui remplace l'effort et le mérite ; la nouvelle pédagogie post soixante huitarde tenant lieu d'« outil-miracle ».
On a reporté sur l'école un ensemble de problèmes que les politiques et la société se sont montrés incapables de résoudre : emploi, socialisation, lutte contre les incivilités et les violences. La finalité essentielle de l'école s'est érodée, les exigences et la qualité du contenu de l'enseignement ont été de fait « secondarisées » et revues à la baisse. Les réformes échouant, elles sont suivies d'autres réformes menées par les mêmes et condamnée à leur tour à l'échec. La droite de gouvernement a-t-elle tiré des leçons de ces échecs à répétition ?

Malheureusement non, le programme d'Alain Juppé, « Mes chemins pour l'école », concocté par Benoist Apparu, s'inscrit entièrement dans la tradition pédagogiste de l'erreur et de la démission. C'est à n'y rien comprendre car tous les intellectuels tirent le signal d'alarme. .

Pour Jean Pierre Le Goff la réforme du collège signée Najat Valaud Belkacem marque la fin de l'école de la République :

« Avant les attentats de janvier, la lutte contre les « stéréotypes sexués ancrés dans l'inconscient collectif » et la suppression des notes pour les remplacer par des couleurs occupaient leur esprit... Une morale de bons sentiments liés à une vision angélique des droits de l'homme, le féminisme et l'écologie transformée en nouveau moralisme tiennent de plus en plus lieu d'instruction morale et civique. Pendant un court moment, on a pu effectivement croire que l'Éducation nationale allait changer de discours et de pratiques. Les grandes déclarations générales et généreuses sur la République, le discours incantatoire sur l'« esprit du 11 janvier » ne peuvent masquer la réalité d'une déstructuration de l'école et du terreau éducatif qui ne date pas d'aujourd'hui. »

Régis Debray d'ajouter : «Il y a deux fondamentaux. L'effort de l'élève et l'autorité du maître. L'effort de l'élève, cela paraît banal, mais on a tendance à l'oublier. L'enseignement est un lieu d'exigence, de contraintes, alors qu'on l'admet pour le sport. On ne fait pas douze secondes au 100 mètres sans exercice, sans persévérance, sans répétition. Il faut de la discipline, d'ailleurs, la civilisation aussi, ce n'est pas le Nutella, c'est l'effort! Et puis il y a l'autorité du maître, pas parce que c'est un gourou ou un démagogue, mais parce qu'il sait des choses que l'élève ne sait pas, et il y a une hiérarchie fondée sur le travail et sur l'effort que sont plutôt des valeurs de gauche, me semble-t-il.»

Nulle part plus que dans les banlieues l'autorité des maîtres n'est autant remise en cause. Un rapport déjà ancien, le rapport Obin, démontrait que plusieurs disciplines faisaient l'objet d'une contestation récurrente : l'éducation physique à cause de la mixité, les sciences de la vie et de la terre, la littérature et surtout l'histoire – refus d'étudier tout ce qui touche à la chrétienté. Le même rapport démontrait comment les élèves sont invités par les « grands frères » à se méfier de tout ce que les professeurs enseignent.

Le philosophe Pascal Bruckner s'écrie : « *On leur supprime le latin, le grec et l'allemand pour leur donner à la place du Jamel Debbouze. L'école devient le véhicule de l'ignorance et non du savoir* ». Debbouze n'a-t-il pas convaincu Manuel Valls de remplacer certains cours par de l'improvisation théâtrale et son épouse réalise plusieurs clips pour Najat Vallaud Belkacem.

Le combat contre la décomposition passe pourtant par l'école mais les réformes se suivent et se ressemblent, la droite ayant en la matière oubliée d'être intelligente, prend pour modèle celui qui incarne l'échec de la gauche : Claude Allègre. Le père spirituel des réformes Jospin des années 80 puis des réformes de la réforme Jospin à la fin des années 90 s'appelle bien Claude Allègre. La droite a toujours aimé Allègre car il déteste les enseignants. Comme s'il suffisait de casser du « prof » pour devenir crédible.

Natacha Polony et quelques autres prêchent dans le désert car pour notre plus grand malheur Vincent Peillon, Najat Vallaud Belkacem et demain Benoist Apparu assurent et assureront la continuité de cette politique funeste.

Nous retiendrons deux exemples de l'impact de la tragédie éducative sur les fractures de la société française : l'enseignement des langues et celui de l'histoire.

Barbara Loyer, dans la revue Hérodote, étudie les liens complexes qui unissent la nation et la langue. Elle démontre ainsi que la langue parlée dans certains territoires crée ces territoires et leur donne une identité. La langue s'inscrit dans une logique victimaire par opposition à la langue du pouvoir central, le Français.

La langue des banlieues, le rap a fait naitre la banlieue :

« Le rap est un puissant vecteur de représentations au sujet de la France... C'est le rap qui a créé la banlieue, ce n'est pas la banlieue qui a créé le rap. Le surgissement des banlieues n'est pas dû aux MJC, aux ZEP, aux ZUP, au théâtre populaire, aux plans économiques ou aux politiques de la ville. Le concept moderne de banlieue, c'est le rap qui l'a fait naître. .. Les banlieues qui prennent la parole et s'insurgent contre la société

française, c'est le rap.... Le rap a été très tôt repéré par les intervenants en territoires urbains, élus, animateurs de MJC, écoles de musique, fonctionnaires territoriaux, comme un élément de politique sociale à développer dans le cadre, par exemple, des projets de développement social des quartiers... On dit souvent qu'en France la « banlieue » est devenue un véritable personnage historique et le rap n'est sans doute pas étranger à ce phénomène géopolitique. De territoire complexe, elle est devenue une représentation simple, ou simpliste. Rappelons que cette musique se développe à la fin des années 1980, grâce à l'éclosion des radios libres, et dans le contexte de l'émergence sociale et politique des enfants de l'immigration. C'est la période où la croissance du Front national est concomitante de celle de SOS Racisme, association qui élabore progressivement une représentation du « ghetto » français

Ce rythme, dans lequel il y a peu de mélodies, est une forme de ring duquel le chanteur ne doit pas descendre, car toute sa bataille, aux yeux de son public, tient dans ces cordes. « Qui sait où je serai dans dix ans... à traîner dans ces mêmes rues, devant ces mêmes immeubles » (Fonky Family, Dans la légende). Les territoires évoqués sont définis par un critère principal : tout y est problème, que ce soit pour lutter contre l'adversité ou baisser les bras face à elle, la cité est d'abord le lieu de la difficulté et de la lutte. La crudité des mots (« j'vais t'lyncher j'vais te lyncher t'auras beau crier à l'aide, j'vais t'brûler », Neg'Marrons) porte en elle la violence de l'existence d'une partie de ces jeunes, y compris entre eux, qui se jugent rapidement et se punissent encore plus vite (violence physique, réputation), entre filles et garçons... Ceux qui n'écoutent que du rap s'immergent dans un monde terrible. Ils se voient comme différents des autres Français, qui écoutent, outre le rap, des musiques diverses. Le rap énonce qu'il existe en France un territoire où la violence règne. »

« L'enseignement, c'est l'État, c'est l'Histoire, c'est l'État mais quelle histoire ? Ton histoire n'est pas forcément la même que la mienne, connard ! Pourtant ton histoire fait que je me retrouve sur ton territoire. Donc j'attaque, me cultive pour savoir pourquoi je suis là. Mais l'État ne m'aide pas, il ne

m'enseigne pas ma culture ! Nous cacher le passé n'est pas bon pour le futur. Comme une bombe qui tombe sur une institution. Tous les jeunes à l'école doivent dire non à cette éducation ! » (Assassin, À qui l'histoire ? [Le système scolaire]).

Un rappeur comme Médine pousse plus loin encore son engagement militant en faveur des « indigènes de la République, 11 septembre, Djihad, Don't Laïk… Les albums et morceaux qu'il compose portent souvent des titres volontairement provocateurs.

Le rap est francophone certes, mais n'incarne-t-il pas la sécession des banlieues ?

Dans d'autres territoires, les régions, les langues traditionnelles s'étaient lentement effacées. Breton, occitan et même Basque ou Corse reculaient. Le combat des régionalistes appuyés par la charte des langues européennes a permis un retour significatif de l'enseignement des langues régionales

Plus de 90% des enfants des maternelles corses apprennent le corse, en Bretagne Jean Yves le Drian s'engage avec son conseil régional pour l'apprentissage du Breton. En Catalogne encore espagnole plus de 80% des jeunes écrivent le catalan contre seulement 20% des plus de 60 ans. Le renouveau de la langue entrainera-t-il comme à Barcelone un désir de sécession.

Aux dernières élections la région corse a élu des indépendantistes et geste fort le Président de l'Assemblée s'adresse en Corse à la Nation corse …La Constitution ne définit elle pas le Français comme langue de la République ? Quant à la Nation corse, il y a dans ce concept une incompatibilité avec la présence d'une nation étrangère dans la République. Les élus ont prêté serment sur un vieil ouvrage de Pascal Paoli, datant du 18eme siècle, avant d'exiger la libération des « prisonniers politiques ». Avec François Hollande le pire est toujours à venir, il a fait preuve de son courage habituel face aux attaques contre la Constitution et la République. Il n'a rien dit, rien fait. La décomposition communautariste peut continuer.

Attendons-nous, au nom de la diversité, à la reconnaissance de la coofficialité du Corse et du Français. Les réactions furent peu nombreuses. François Fillon a demandé en vain à François Hollande « une réaction claire » aux « insultes » de la majorité nationaliste. Alain Juppé a rappelé sur Twitter « l'article 2 de la Constitution » : « La langue de la République est le français. » Jean-Pierre Chevènement, s'est dit « choqué » par l'emploi du corse dans l'hémicycle.».

Pendant ce temps Najat Vallaud Belkacem réforme le collège : abandon de l'enseignement méthodique de la grammaire en français, absence de programme de littérature en sixième, absence de référence aux genres et mouvements littéraires sur l'ensemble du collège.

« Pourquoi ne nous vantons-nous jamais de savoir bien parler le français, alors que nous sommes si fiers de pouvoir baragouiner l'espagnol ou l'anglais ? Peut-être n'avons-nous pas pour notre langue maternelle une tendresse assez vive, un assez grand respect. On nous l'enseigne assurément, mais l'on devrait aussi nous apprendre à l'aimer, à l'aimer comme on aime une personne vivante. » disait Sacha Guitry.

L'anglais s'impose comme l'autre langue indispensable et le débat est entièrement focalisé sur l'enseignement de la deuxième langue vivante étrangère. Pourquoi avoir supprimé les classes européennes et les classes bilingues qui réussissaient ? J'avoue ne pas comprendre.

Les journaux télévisés nous ont expliqué que la ministre avait fait ce choix pour se donner les moyens de commencer la LV2 en classe de 5eme. De quoi se tordre de rire ou de douleur. Nous sommes passés à 2h30 par semaine en 5eme, 4eme, 3eme contre 3heures en 4eme et 3eme auparavant. L'expérience prouve que deux heures trente par semaine ne servent à rien. Claude Allègre il y a près de 20ans a tué les langues au lycée en faisant passer l'horaire de 3h à deux, Najat Vallaud Belkacem suit son exemple au collège.

Il y aurait d'autres priorités. La langue arabe n'est pratiquement pas enseignée au collège alors que la demande est considérable. Cet enseignement est donc laissé à des associations confessionnelles plus ou moins fondamentalistes…. Qu'attend le ministère pour mettre en place un enseignement de cette langue avec les garanties indispensables. Nos dirigeants font preuve d'une irresponsabilité criminelle.

Malheureusement toute décision de permettre l'enseignement de l'Arabe comme LV1 ou 2 sera considérée par certains comme une concession faite aux islamistes…

Il était une fois le roman national

« C'est en faisant aimer la France que nous pourrons poursuivre la tâche multiséculaire de l'intégration de nouveaux citoyens à notre nation » J.P. Chevènement.

Une Nation a besoin de mythes fondateurs, d'une mémoire commune. La mémoire sélectionne dans l'histoire, les bons souvenirs, ceux qui rassemblent et oublie les autres. La mémoire n'est pas histoire. Pour rassembler, la France doit faire envie. Elle ne doit cependant pas mentir et Jacques Chirac a eu raison de reconnaitre la responsabilité de l'Etat dans la tragédie de la Shoah.

Malheureusement la poussée du communautarisme correspond à la déconstruction du roman national et à de nouveaux sports, le dénigrement et le déclinisme.

L'histoire mythologique des Français n'était pas enseignée à l'Université mais à l'école et au collège. Elle se présentait comme un roman autour de tableaux successifs et de personnages symboliques. La pédagogie restait proche de l'oralité et le maitre devait d'abord se comporter en conteur pour captiver l'auditoire. Le fil chronologique ne posait aucun problème de compréhension. Nous étions   très loin de la transversalité des néo pédagogues, de l'étude de documents austères.

Je retiendrai comme plus bel exemple la lecture du manuel le plus utilisé signé Bernard et Redon, « Notre premier livre d'histoire (1950) », destiné aux élèves de cours élémentaires.

 Les héros de notre histoire symbolisent le courage, le travail, le patriotisme, il peut arriver que la réalité scientifique soit un peu malmenée mais qu'importe. L'essentiel est de poser le cadre chronologique. A dix ans un enfant doit pouvoir se repérer dans le temps. L'histoire n'est pas neutre, les programmes ont été conçus par la gauche républicaine et jacobine dans la tradition d'Ernest Lavisse.

Chaque leçon s'appuie sur deux pages illustrées servant de prétexte à des questions simples.

Les enfants de 2015 découvrent également l'histoire vers l'âge de huit ans, le programme de CE1 n'a strictement rien de commun avec celui de 1950. Finie la succession de récits épiques, tout devient sérieux, tellement sérieux et indigeste que les maitres renoncent à appliquer le programme et ne font plus d'histoire. Jugez vous-mêmes et rappelez-vous que le public concerné à huit ans[77] :

« Savoir que mille ans après la conquête de la Gaule, les seigneurs imposent leur domination sur les terres et les paysans. • *Caractériser par l'étude de différents documents historiques et archéologiques le château fort, le mode de vie seigneurial, et les liens entre seigneurs et paysans.*

• *Savoir que les Européens se lancent à la découverte du monde grâce notamment aux progrès de la cartographie et de la navigation.* • *Être capable de raconter le voyage de Christophe Colomb et la découverte d'un nouveau monde.* • *En observant des cartes à des dates différentes et en étudiant des documents (gravures...), comprendre les conséquences des voyages des*

---

[77]http://cache.media.eduscol.education.fr/file/Progressions_pedagogiq ues/76/3/Progression-pedagogique_Cycle3_Histoire_203763.pdf

Grandes Découvertes et savoir que 1492 est une date essentielle. La Renaissance: quelques découvertes scientifiques • Savoir identifier la période de la Renaissance. • Savoir que des scientifiques (Copernic puis Galilée), en plaçant le Soleil au centre de l'Univers, remettent en cause sa conception. •

• Savoir que les progrès techniques et scientifiques bouleversent les modes de transport et de production (chemin de fer, usines, électricité, progrès de la médecine...). • Savoir que l'essor industriel transforme la société

• Savoir qu'après la seconde guerre mondiale, la France connaît une période de prospérité pendant laquelle les conditions de vie s'améliorent (alimentation, confort de l'habitation, moyens de transport). • À partir de documents de nature différente (publicité, affiche, graphique, extrait de film de fiction, photographie), prendre conscience du développement de la société de consommation. • À partir d'exemples concrets, comprendre comment la révolution de l'informatique et de la commun »

Comment enseigner l'histoire en 2015 ? Les pédagogistes ont réussi à rendre cette merveilleuse matière totalement indigeste. Il ne s'agit pas de défendre une historiographie simplificatrice, nous parlons bien du programme destiné à des enfants de huit ans. Au cours de la scolarité doit venir le temps des nuances et du recul critique.

L'enseignement de l'histoire fait l'objet d'une foire d'empoigne idéologique.

Dans un dossier publié en novembre 2013, Valeurs Actuelles fait la liste des héros oubliés par les programmes actuels. Le magazine reprend le combat de Denis Tillinac et de Dimitri Casali[78]. Aujourd'hui les nostalgiques de l'histoire roman national se situent plutôt droite.

---

[78] Ces immigrés qui ont fait la France Dimitri Casali, Liesel Couvreur- Schieffer 2007

Valeurs Actuelles reprend les héros traditionnels du roman national : *« Vercingétorix chef courageux, un combattant qui a fait le choix de l'action guerrière pour préserver sa culture. Clovis le héros franc a jeté les bases spirituelles, dynastiques, politiques et culturelles de la monarchie française et de notre nation, Charles Martel, le résistant. Louis XIV, Roi-Soleil symbole d'une civilisation qui a été pendant de longues années la civilisation européenne, Napoléon, « aigle foudroyé ».*

Cette historiographie comprend des femmes comme Jeanne Hachette ou Jeanne d'Arc. Mais en dehors de Mazarin, et de Gambetta, peu d'immigrés, il faut dire que le grand brassage est l'affaire du XXème siècle. La galerie a vieilli, on aimerait y retrouver de Gaulle et Simone Veil, Marie Curie, Senghor, Eboué et Jean Moulin…

Le roman national compte de nombreux adversaires, ainsi les malheurs de Loràt Deutsch méritent d'être contés. Après son « Métronome » consacré à Paris, le comédien écrit « Hexagone », dans la tradition des manuels d'histoire de jadis. Il réussit à raconter le roman national pour ceux qui ne l'ont pas connu à l'école de la République. Un tir de barrage est déclenché avec en particulier un essai paru en 2013 intitulé « les historiens de garde »[79].

Le projet est clair : « En écrivant Les Historiens de garde, nous nous sommes souvent interrogés: pourquoi se préoccuper d'histoire en période de crise? Pourquoi ne pas s'intéresser plutôt au chômage, à la misère, aux inégalités? C'est que l'histoire n'a rien d'un objet mort pour touristes. Aujourd'hui, d'aucuns voudraient promouvoir le retour à une histoire patriotique, où chaque événement a été fait par et pour une <u>*nation France glorieuse menée par des grands hommes. Et ces*</u>

---

[79] « Les historiens de garde : De Loràt Deutsch à Patrick Buisson, la résurgence du roman national Broché – s2013 William Blanc (Auteur), Aurore Chéry (Auteur), Christophe Naudin

temps où il est de plus en plus nécessaire d'ouvrir grand les yeux face à la complexité du monde, ce repli identitaire sur un roman historique glorieux, minimisant les pages sombres de notre histoire, nous semble dangereux. »

La critique est révélatrice du mal français, la gauche ne veut plus entendre parler de roman national et de nation. Les conséquences de cette désertion sont aujourd'hui considérables. Deuxième problème : raconter le roman national classe celui qui le fait du mauvais côté de la Force. Et dire que la Nation, la République et le travail furent des idées de gauche…

Le traitement de l'épisode de la bataille de Poitiers fait l'objet d'une sévère polémique : *« Plus important en effet que les détails de la conquête musulmane, c'est la dimension religieuse, et les méthodes que le comédien attribue aux Arabes qui interpellent. Il les accuse d'avoir « transformé églises et synagogues en mosquées » (p. 223).»*

« Les raisons de l'attaque de l'Aquitaine par les Arabes font débat chez les historiens. Il semblerait qu'aujourd'hui, la thèse d'une simple razzia (défendue notamment par Françoise Micheau), ou alors d'une razzia préparant éventuellement une conquête (Pierre Guichard), tiennent la corde. Mais les sources ne permettent en aucun cas d'être catégorique. Loràant Deutsch, lui, en est certain. Il est pourtant faux d'affirmer, comme il le fait, que l'armée d'Abd al-Rahman était suivie d'une population entière prête à coloniser les terres conquises… L'intention de Deutsch est évidemment de faire croire à une colonisation massive et programmée. »

Il y a bien eu combat à Poitiers, peut-être pas comme Deutsch le raconte, mais en tout cas la conquête musulmane cesse à ce moment-là en Aquitaine. Pourquoi cette accusation de complot implicite ? En racontant la bataille de Poitiers le comédien entreprendrait une campagne contre les musulmans d'aujourd'hui.

 Ainsi en 2015 il est possible d'écrire sur la guerre de 14/18 ou de 39/45 mais pas d'évoquer une bataille vieille de plus de 12 siècles. A moins d'être soupçonné d'islamophobie…

Le monde de leurs fantasmes n'est pas meilleur que le nôtre

Quel ministre décidera de mettre les programmes d'histoire sur la table pour les rendre digestes, accessibles aux enfants et répondre à notre besoin de mémoire. Pour n'être que des Français, Gaulois et musulmans ont besoin d'une mémoire commune. Qui osera faire l'inverse de la politique de Najat Belkacem lors de la réforme des programmes du collège. L'histoire de la chrétienté médiévale devenait facultative, celle de l'islam obligatoire. Pour le président de l'Association des professeurs d'histoire, Bruno Benoît, rédiger un programme de cette manière dans la France de 2015 est irresponsable : "le déséquilibre est entre l 'obligatoire' et le 'facultatif'. Dans une France qui vote FN à 25%, cela peut paraître scandaleux à certains. Les parents vont dire : on étudie l'Islam en 5e et on n'étudie pas la religion chrétienne'".

La traite des esclaves n'est pas le monopole de l'occident chrétien et les Noirs n'en furent pas les seules victimes. La loi Taubira du 21 mai 2001 tendant à la reconnaissance de la traite et de l'esclavage en tant que crime contre l'humanité dispose que : « Les programmes scolaires et les programmes de recherche en histoire et en sciences humaines accorderont à la traite négrière et à l'esclavage la place conséquente qu'ils méritent. La coopération qui permettra de mettre en articulation les archives écrites disponibles en Europe avec les sources orales et les connaissances archéologiques accumulées en Afrique, dans les Amériques, aux Caraïbes et dans tous les autres territoires ayant connu l'esclavage sera encouragée et favorisée. »L'article 1 qui dispose que la république française reconnait la traite négrière comme un crime contre l'humanité.

Un geste fort serait d'y adjoindre toutes les traites y compris la traite des Blancs en Méditerranée organisée par les pirates barbaresques et plus généralement la traite arabo musulmane dont furent surtout victimes les Noirs.

L'anthropologue sénégalais Tidiane N'Diaye, rappelle la traite oubliée[80]en occident mais toujours présente dans la géopolitique africaine :

"J'ai l'habitude de rappeler que mon travail ne cherche à communautariser ni l'histoire ni les mémoires. Ce qui serait la porte ouverte à une hiérarchisation victimaire, donc une approche dénuée de tout caractère scientifique. Par conséquent pour ce qui nous intéresse ici, puisque j'ai titré cet ouvrage « Le génocide voilé », faisant allusion à la castration massive que subissaient les captifs africains, au cours de la traite arabo-musulmane, je n'ai pas oublié de rappeler d'abord, que les premières victimes de cette calamité furent les Slaves, que les Vénitiens et les Marseillais allaient razzier en Europe centrale et orientale, pour les vendre aux notables du monde arabo-musulman. Cela devait durer toute l'époque carolingienne au Xème siècle sous les monarques saxons Henri l'oiseleur et Otton Ier. Comme on sait, il fallut l'émergence d'États puissants en Europe de l'Ouest et l'arrêt de l'expansion arabe aux Pyrénées pour que cela cesse. Et c'est pour combler ce déficit en eunuques et esclaves blancs, que les Arabo-musulmans allaient massivement se tourner vers les peuples négro-africains. Ainsi on trouve traces d'hommes ou de peuples asservis, sous diverses formes à travers toutes les aires de l'histoire de l'humanité et sur tous les continents. C'est un fait universellement connu et qui n'est donc pas spécifique aux peuples noirs. Ce qui est moins connu cependant, c'est que la traite négrière arabo-musulmane, fut inaugurée par les Arabo-musulmans et a duré près de treize siècles sans interruption, avec la mutilation généralisée d'un nombre incalculable de captifs noirs. Déjà il faut dire que le plus loin qu'on puisse remonter, c'est en Égypte pharaonique qu'on trouve traces d'hommes noirs, soumis à des formes d'exploitation comparables à de l'esclavage. Après les Hébreux, les Égyptiens avaient aussi réduit en servitude de nombreux peuples voisins essentiellement originaires d'Éthiopie et des régions nubiennes comme le Darfour. Mais en fait, ces importations de populations n'avaient pas encore pris une dimension industrielle.

---

[80] http://www.la1ere.fr/2014/04/29/l-autre-esclavage-un-apercu-de-la-traite-arabo-musulmane-147531.html

"Cette pratique devait durer jusqu'à l'invasion arabe de ce pays. Une invasion qui date du VIIème siècle de notre ère et qui correspond aussi à la première traite négrière en grand. Puisque après avoir occupé l'Égypte, les Arabes qui étaient sur le sentier du Jihad, c'est à dire de la guerre sainte, avaient décidé aussi d'envahir la Nubie. Comme le seul point commun entre tous les peuples négriers ravitaillés par les Arabes était la religion, voilà pourquoi dans cet essai, j'emploie souvent le vocable d'arabo-musulmane, pour qualifier cette première traite négrière en grand, qui fut non seulement la plus longue de l'histoire de l'humanité, puisqu'elle a duré treize siècles sans interruption, mais aura également opéré une ponction humaine largement supérieure à celle de la traite transatlantique vers les Amériques. Et le plus triste dans cette tragédie, est que la plupart des déportés n'ont jamais assuré de descendance, du fait de la castration massive que pratiquaient les Arabes."

Il est urgent de s'interroger sur la détestation de la France qui s'enracine dans certains quartiers.

Pourquoi certains jeunes se sont-ils construit une identité de victimes de la traite des esclaves, de la colonisation et des massacres de 14/18 ? Pourquoi assimilent ils les chrétiens aux croisés et oublient ils que l'islam lui aussi fut conquérant ?

Il ne s'agit pas de stigmatiser mais de faire comprendre que le monde fantasmé dans les banlieues n'est pas meilleur que le nôtre et surtout que le nôtre devrait devenir celui des banlieues.

Mais qui s'intéresse encore à l'histoire et aux humanités ? On retiendra peut être que c'est sous François Hollande qu'ont été décidés la suppression de l'histoire à l'examen d'entrée de l'ENA et l'enseignement du latin.

Conclusion

« La nation française refleurira ou périra suivant que l'Etat aura ou n'aura pas assez de force, de prestige pour la conduire là où elle doit aller » Charles de Gaulle

Comment Gaulois et musulmans peuvent-ils devenir tout simplement des Français ?

Il n'y a rien de bon à attendre d'un choc des communautaristes. Comment Gaulois et musulmans peuvent-ils devenir tout simplement des Français ? En faisant disparaitre les cultures séparées surtout si ces cultures sont victimaires.

Mais s'il n'appartient pas à la République de s'insérer dans la sphère privée elle devrait se montrer inflexible lorsqu'il s'agit de faire respecter ses valeurs. Nous avons écrit précédemment que le politique n'a pas à définir la pratique de la foi mais à garantir les règles de bonne police et faire appliquer la loi, toute la loi, rien que la loi.

Il appartient au parlement de faire la loi et de définir ce qu'implique le respect de la dignité de la femme telle que la République la conçoit.

La société française est vivante, ouverte aux influences externes. Il ne s'agit pas de figer les coutumes, elles évolueront mais une société multiculturelle avec des modes de vie parallèles nous condamnerait à l'impasse.

.

Le piège serait d'attendre la fin de la crise et la fameuse inversion de la courbe du chômage pour agir contre cet apprentissage de la détestation.

Le mythe de l'âge d'or à la peau dure, il se décline de plusieurs manières. Il est assez fréquent de parler de l'intégration facile au cours de la période de forte croissance des Trente Glorieuses. Nous avons écrit que le modèle d'intégration fonctionnait bien, cela ne veut pas dire que la France d'alors était un paradis pour les étrangers qu'elle accueillait.

Gérard Noiriel[81]dans son histoire de l'immigration nous rappelle qu'Italiens, juifs et Polonais étaient victimes de quolibets et de violences. Mais surtout il étudie la stabilisation de ces immigrés et sur plusieurs générations les bouffées de francité qui les envahissent. La France d'alors est bien moins généreuse que celle d'aujourd'hui, point de RSA ou de CMU alors et pas de politique de la ville. L'univers des migrants sera celui des camps, du bidonville de Nanterre puis la découverte du confort avec l'accès aux barres HLM.

Les nouveaux venus trouvaient les emplois que les autochtones refusaient. Polonais et Algériens fournissaient les gros bataillons de mineurs de fond. La légende de l'ouvrier maçon portugais a sa part de vérité, celle de l'ouvrier maghrébin dans l'industrie automobile également.

L'intégration passait par le rôle du milieu d'accueil et nous savons par d'autres travaux quel fut le rôle des catégories populaires. Paradoxalement les périodes de crise et de chômage comme les années trente sont décisives dans la logique de stabilisation et d'intégration. En effet à pour éviter la stigmatisation, les enfants d'immigrés cachaient par tous les moyens leurs origines, parfois en changeant les prénoms. L'acculturation créait les conditions de l'accès à l'emploi et au logement. L'école et avec elle l'accès à la langue transformait en authentiques Gaulois ces migrants et leurs enfants.

Les migrants de l'intérieur venus à la capitale, de Bretagne ou du Limousin, eux aussi laissaient leur langue et leurs racines pour se fondre dans le creuset national.

---

[81] Gérard Noiriel, Le creuset français : histoire de l'immigration XIXe-XXe siècles

Ni la crise, ni la religion, ni le racisme n'empêchaient alors l'intégration … Mais alors pourquoi cela ne marche plus aujourd'hui ?

Parce que le sacrifice de l'acculturation ne semble plus légitime. Ceux qui s'intégraient perdaient une partie d'eux-mêmes, comme le reconnait Charles Aznavour :

« Je suis devenu français d'abord dans ma tête, dans mon cœur, dans ma manière d'être, dans ma langue. Je suis devenu français. C'est-à-dire que j'ai abandonné une grande partie de mon arménité pour être français. Il faut le faire ou il faut partir.
»

On a fait croire que pouvaient cohabiter des communautés différentes avec des cultures parallèles

Parce que l'on a fait croire que pouvaient cohabiter des communautés différentes avec des cultures parallèles, qu'il n'était pas légitime et nécessaire de faire des efforts pour s'intégrer.

Parce que face aux difficultés la réponse sera le repli identitaire, la justification du droit à la différence, la rancœur…. Le tout enveloppé d'un vernis religieux

On a fait croire à certains Français qu'ils n'étaient que des indigènes victimes du plus abominable des pays, la France.

Jean-Loup Amselle est un anthropologue et ethnologue africaniste. Il est directeur d'études à l'EHESS, pour lui le multiculturalisme a échoué en France. Il a raison.

En fragmentant le corps social le multiculturalisme a abouti à dresser l'un contre l'autre deux segments de la population : l'identité majoritaire et les identités minoritaires. Par une sorte d'effet boomerang, l'apparition au sein de l'espace public de minorités ethnoculturelles et raciales a provoqué, dans chaque cas, le renforcement de l'identité « blanche».

On ne rend pas service aux « issus de la diversité » en les enfermant dans leur « négritude » ou leur « arabo islamité ». Culturaliser et ethniciser le social est le meilleur moyen de maintenir les jeunes des banlieues dans des ghettos géographiques et identitaires .Tel est le terreau de la guerre des civilisations.

 Les Français comme nation et la civilisation française comme culture ont été en dialogue permanent avec ceux qui étaient définis comme « Autre » et ce dialogue a permis la transformation de la France et son enrichissement . Mais un Français n'est plus un « Autre » il est devenu un acteur de cette nation et de cette culture car à la différence des races, les nations résultent d'une association volontaire d'individus.

En 1985 le grand historien Fernand Braudel définissait à sa manière l'identité de la France :

« . Pour moi, l'identité de la France est incompréhensible si on ne la replace pas dans la suite des événements de son passé, car le passé intervient dans le présent, le "brule »... Construire l'identité française au gré des fantasmes, des opinions politiques, ça je suis tout à fait contre.

Le premier point important, décisif, c'est l'unité de la France. Comme on dit au temps de la Révolution, la République est "une et indivisible". Et on devrait dire : la France une et indivisible. Or, de plus en plus, on dit, en contradiction avec cette constatation profonde : la France est divisible. C'est un jeu de mots, mais qui me semble dangereux. Parce que la France, ce sont des France différentes qui ont été cousues ensemble. Michelet disait : c'est la France française, c'est-à-dire la France autour de Paris, qui a fini par s'imposer aux différentes France qui, aujourd'hui, constituent l'espace de l'Hexagone...

II y a donc dans l'identité de la France ce besoin de concentration, de centralisation, contre lequel il est dangereux d'agir. Ce qui vous suggère que je ne vois pas la décentralisation d'un œil- tout à fait favorable...

L'unité de la France est un bien fragile[82] et nous aurions besoin d'une classe politique courageuse pour dénoncer toutes les formes d'intolérance. Malheureusement beaucoup confondent tolérance et lâcheté, tolérance et soumission, tolérance et indulgence. Nous pouvons haïr ou mépriser ce que nous tolérons, le respecter à contre cœur. Nous pouvons combattre ce que nous tolérons. La tolérance suppose l'acceptation du débat démocratique, pas la pensée unique.

La classe politique accepte la racialisation et le communautarisme pour se faire élire, pour ne déplaire à persone. Lea politiquement correct rime avec autocensure et conformisme. Des exemples me viennent à l'esprit.

Imaginons un instant un joueur de football, le soir d'une victoire, lançant à la cantonade : « Allez les blancs, venez, on se fait une photo de groupe ! »

 Ce comportement serait dénoncé, on hurlerait au racisme. Pourtant un soir de victoire en juillet 1998 un certain Lilian Thuram a lancé « Allez les Blacks, on fait une photo tous ensemble » devant Dugarry et Lebœuf. Lilian Thuram n'est pas raciste, il fait même des conférences payées 20 000 euros contre le racisme.

Imaginons un instant Gérard Larcher président du Sénat lancer à propos de Claude Bartolone « il est en creux le défenseur de Bobigny de la race noire et des arabes ! ». Il serait obligé de démissionner devant le scandale national. Rassurons-nous Gérard Larcher est un homme civilisé incapable de tels propos. Pourtant son homologue président de l'assemblée nationale, Claude Bartolone a bien accusé Valérie Pécresse d'être en creux la candidate de Versailles et de la race blanche.

Le même Bartolone, toujours à propos de Valérie Pécresse : «elle veut mettre la région en rang, en uniforme, un serre-tête dans les cheveux ». C'est un trait d'humour…ou du racisme ? A mettre en parallèle   avec le "chez nous, on ne vit pas en djellaba » de Marion Marechal Le Pen.

---

[82]http://www.lemonde.fr/societe/article/2007/03/16/lidentite-francaise-selon-fernand-braudel_883988_3224.html#zd2DKLXduoqpZwIF.99

Les électeurs n'ont semble-t-il, pas apprécié les traits d'humour évoqués ci-dessus.

Le politiquement correct paralyse le monde politique, l'empêche de rappeler chaque citoyen à ses devoirs, à se faire manipuler par certaines associations « anti racistes » francophobes.

Le politiquement correct rend idiot et le monde économique n'y échappe pas. Nous retiendrons l'exemple de la Ratp ; sa direction a tout osé. Interdire la publicité pour un concert en faveur des chrétiens d'orient, au nom de la laïcité…

Quand la justice refuse de sanctionner le racisme des sauvageons, quand L'Etat n'assume plus ses fonctions régaliennes la majorité silencieuse se considère en légitime défense et la guerre civile menace.

A force de célébrer « les différences », nous oublions ce qui nous unit. Ce n'est plus la volonté de la majorité qui s'exerce mais l'intimidation par les minorités et pour la majorité se développe une crainte touchant à la préservation de son mode de vie et à la transmission de son identité.

Des sphères de socialisation républicaine et d'assimilation survivent heureusement. Une des plus importantes est constituée par les forces de l'ordre et la défense. Des Français donnent leur vie pour notre sécurité, ils s'appellent Ahmed Merabet ou Franck Brinsolaro.

Le politique doit réinvestir la sphère éducative

L'école, nous l'avons vu joue un rôle essentiel pour maintenir vivant l'héritage reçu en partage. L'école a pour mission de faire émerger un citoyen français en l'affranchissant de sa communauté en lui faisant oublier sa communauté d'origine , pour lui permettre de penser par lui-même et d'être indifférent à sa différence. Le politique doit réinvestir la sphère éducative pour enseigner à tous les Français ce qui constitue leur mémoire commune. Les Gaulois apprendront les apports des immigrés à la France, ils découvriront combien sont riches d'autres civilisations et en particulier le monde arabo musulman. Les « musulmans » apprendront à aimer ce grand pays qui s'appelle la France.

Il faut en finir avec cette présomption de culpabilité collective à l'égard des français de confession musulmane.

Mais il faut aussi pour rompre avec l'idée qu'il existerait en France une prédisposition particulière à la haine des musulmans. L'enseignement de l'histoire doit rétablir des vérités pour ceux qui ne se sentent pas Français. Le monde arabo musulman a lui aussi mené des guerres de conquêtes et il a pratiqué la traite des esclaves comme les autres. Pendant la guerre de 14 /18 les troupes africaines n'étaient pas plus de la chair à canon que les poilus originaires de la métropole.

 Quand abandonnera- t - on les crétineries du style : « Ouvrons l'école sur la ville ! Mettons en place une école sans mur» ? Quand reviendra –t-on aux fondamentaux : le maître transmet des savoirs et l'élève travaille ?

 Continuera t- on encore longtemps de décharger les parents de toute responsabilité ? Il est de bon ton de placer les allocations familiales sous conditions de ressources, mais il ne serait pas légitime de rappeler aux parents leurs devoirs ?

Il n'est plus possible de différer le débat sur l'immigration sous le prétexte fallacieux que cela profiterait à l'extrême droite. Tout le monde s'est trompé.

En premier lieu, ceux qui ont mis fin à l'immigration dite de travailleurs. Giscard d'Estaing a choisi en 1974 de rendre pratiquement impossible à un étranger de venir travailler en France. Nous avons vu que pendant la période précédente les migrants étaient des hommes seuls. Beaucoup sont repartis, d'autres se sont intégrés y compris par des mariages mixtes. Depuis Giscard, le choix du regroupement familial n'a pas été remis en cause. Des familles entières sont venues en France avec leurs coutumes, leurs modes de vie, leurs traditions communautaristes. Opter pour une immigration de peuplement imposait une politique d'assimilation avec des moyens considérables, ce qui a été oublié.

La France devrait s'inspirer de l'exemple américain, elle a toujours besoin de travailleurs qualifiés, d'étudiants de jeunes diplômés. Qu'attend-t-elle pour mettre en place une immigration choisie ?

En second lieu, se sont trompés ceux qui ont oublié, pour plagier Michel Rocard, que la France ne peut accueillir toute la misère du monde. En 2014, selon le ministère de l'intérieur 204 000 personnes sont entrés légalement en obtenant un titre de séjour, 70% devraient obtenir un jour la nationalité française. Avons-nous les moyens de les assimiler ?

Pourquoi le Parlement ne fixe-t-il pas chaque année le nombre maximal de nouveaux ressortissants étrangers que le pays est en capacité d'accueillir ainsi que les qualifications professionnelles à privilégier ?

Rien ne sera enfin possible dans une société fragilisée par des chocs exogènes. Nous n'avons plus les moyens sociologiques de mener une politique étrangère belliqueuse même si à chaque nouvelle guerre François Hollande gagne 9 points dans les sondages. Qui osera faire du désengagement militaire de la France à l'étranger une priorité lors des prochaines présidentielles ?

Pour aller plus loin

Au cours de cette enquête nous avons rencontré le pire et le meilleur. Vous les retrouverez sur les sites du Sénat, de l'Assemblée Nationale
Le pire avec l'abominable rapport Bartolone intitulé

« Engagement citoyen et appartenance républicaine », issu d'un travail collaboratif avec en particulier Yves Jego (UDI) et Dominique Reynié (Sciences Po, LR). Vous y retrouverez tous les poncifs de la repentance. Priorité pour lutter contre la radicalisation : les étudiants en grandes écoles devraient réaliser une « *mission d'engagement pour « favoriser chez eux une plus grande ouverture d'esprit et une meilleure connaissance des réalités sociales* ». En effet « *L'un des éléments les plus bloquants de notre société est la reproduction des élites ... Les ségrégations et les exclusions subies nourrissent les ségrégations et les exclusions choisies. La République, on l'aime en se sentant aimé d'elle.* » .

Le rapport n'aborde jamais la question de l'immigration, de la religion et de la laïcité, cela peut paraitre étrange mais la justification s'impose :« *à aucun moment de mes échanges sur le terrain, avec le panel citoyen ou dans les enquêtes d'opinion, ces questions n'ont été abordées* ».Claude Bartolone propose simplement de rendre le vote obligatoire et« *développer la citoyenneté et la culture de l'engagement des jeunes* ».

 Les politiques sont capables du meilleur, avec le rapport du président du Sénat, Gérard Larcher. Nous nous en sommes inspirés.

Dans ce rapport : « *les religions demeurent une donnée vivante de notre société* » et « *le politique ne doit pas ignorer le fait religieux* ». La « *fermeture administrative* » de lieu de culte s'impose si des actes ou des propos « *contraires aux principes fondamentaux* » y étaient tenus. Gérard Larcher invite également à « *rénover* » les programmes d'histoire et à écarter « *l'idéologie victimaire et la repentance au profit d'un regard lucide et objectif sur notre histoire* ».

La meilleure surprise nous vient d'un rapport de juillet 2015 et déjà cité à plusieurs reprises : Génération radicale. Son auteur, Malek Boutih, député socialiste de l'Essonne.

Malek Boutih revient de loin car il appartient à la fameuse bande de SOS racisme. Julien Dray, Christophe Cambadelis, Harlem Désir, Benoit Hamon auraient bien des points communs selon leurs détracteurs : une carrière à l'UNEF, à Sos racisme, des études laborieuses le plus souvent interrompues à la licence, une ignorance totale de ce qu'est le monde du travail. Ils sont les produits de la fameuse génération Mitterrand et du machiavélisme de l'ancien président : créer une culture victimaire dans les banlieues et faire émerger le Front National.

Malek Boutih a sans doute été sauvé par ses origines, à la différence des autres ce n'est pas un fils de bourgeois, il est issu d'une famille algérienne d'origine kabyle qui vivait dans le bidonville de Nanterre. En 2000 déjà, dans le Figaro il résumait ce qu'était la France :

« Les minorités ça n'existe pas ! Nous ne sommes pas une espèce menacée. Et si on se met à parler l'arabe ou le mandingue, le breton ou le corse, on fera exploser la communauté nationale. La France, c'est la baguette, le vin, le fromage, et maintenant le couscous, plus « Liberté, égalité, fraternité ». Il y a deux cent ans, nous avons pris une longueur d'avance en fabriquant une identité nationale politique et non ethnique. »

Pour avoir dit ces vérités, Malek Boutih ne sera jamais ministre, vous trouverez le rapport sur son blog…

Géopolitique, affaires étrangères, école, immigration, il est grand temps d'en finir avec les débats interdits.

Ces débats ne recoupent pas les clivages traditionnels entre la gauche et la droite. A l'intérieur de chaque camp nous trouverons ceux qui sont complaisants ceux qui soufflent sur les braises identitaires et ceux qui croient en la République.

Table des matières

© Editions Vignou 979-10-95-867

Fougeras La Chapelle Aubareil 24290   0763328414

giberpa@yahoo.fr

ISBN 979-1095867012

Impression Create space ID 5967461

An Amazon .com Carleston SC USA

Janvier 2016